Después de su partida

De la autora de
Esperando en la calle Zapote,
ganador del premio Latino Books Into Movies
Award, categoría Drama TV
Series

y

Hermanos: Los Niños de Pedro Pan,
ganador del premio International Latino Books
Award, categoría Mejor Novela de Ficción

Basadas en hecho reales

Betty Viamontes

Después de su partida

Publicado en los Estados Unidos por

Zapote Street Books, LLC, Tampa, Florida

Portada del libro por SusanasBooks LLC

Este libro contiene elementos de ficción y no-ficción
creativa.

Número ISBN: 978-1-955848-30-5

Impreso en los Estados Unidos de América

Les dedico este libro a:

A mi tía Pilar y a mi tío Mario, por su amor, su guía y por confiarme las historias que dieron vida a estas páginas.

A mi prima Lena, por su apoyo incondicional y su presencia siempre constante.

A mi madre, por enseñarme que todo es posible.

A mi amado esposo y a mi familia, por su amor inquebrantable, su constante respaldo y por creer en mí incluso en los momentos más difíciles.

A mis leales lectores, por acompañarme en cada libro y por inspirarme a seguir escribiendo nuevas historias.

A los miembros de todos los clubes de lectura que, con generosidad y entusiasmo, han elegido *Esperando en la calle Zapote*, *La danza de la rosa*, *Los secretos de Candela y otras historias de La Habana*, *La Habana: El regreso de un hijo* y *La niña de Arroyo Blanco* para sus encuentros y conversaciones.

Y a los grupos de Facebook All Things Cuban, por brindar un espacio para celebrar y compartir la riqueza de la cultura cubana, y Women Reading Great Books, por crear un punto de encuentro donde escritores y lectores pueden conectarse y dialogar.

Capítulo 1

Ya vienen

Berta

En nuestra casa, solo los adultos sabíamos que el tiempo se nos estaba agotando. Mi hermana y yo protegíamos el secreto como si fuera dinamita: cinco niños —de cuatro, cinco, once, trece y quince años— jugaban, reían y hacían tareas sin sospechar que sus vidas estaban a punto de cambiar para siempre. Si la noticia escapaba de aquellas paredes, no solo perderíamos la oportunidad... podríamos perderlo todo.

Era una tarde tranquila de abril de 1980. Demasiado tranquila.

Los niños estaban en el portal, ajenos al peligro. Tania, la mayor, inclinada sobre su libreta, escribía en silencio. Siempre había sido la más callada, la más difícil de descifrar. La vida la había endurecido antes de tiempo, aunque su inteligencia brillaba con una madurez que a veces me asustaba. Escribía como quien guarda secretos.

En el suelo de baldosas, Lynette jugaba a los yaquis con mis dos hijas pequeñas. Reía con facilidad, irradiaba luz. Su alegría era un contraste doloroso con la tensión que me oprimía el pecho.

Gustavo, de once años, desarmaba un camión de juguete que su padre le había traído de Estados Unidos. Lo hacía con la concentración de un ingeniero. De pronto se levantaba y hacía muecas detrás de sus hermanas, provocando carcajadas. Era

1

guapo, demasiado guapo para su edad. Tanto, que una niña de doce años comenzó a venir a la casa a plancharle la ropa. Cuando la descubrí, la eché sin contemplaciones. En aquellos tiempos, uno no podía permitirse ingenuidades.

Las risas de los niños me daban fuerzas. Me repetía que todo saldría bien. Que pronto estaríamos lejos. Que el sacrificio valdría la pena.

Laura no podía quedarse quieta.

—Voy a casa de Mirta a recoger la ropa nueva de las niñas —dijo, levantándose de golpe.

Aún vestía su ropa de trabajo: pantalones negros y una blusa blanca con flores verdes. Su cabello rubio —teñido por insistencia de sus hijas— le caía sobre los hombros. Intentaba parecer serena, pero reconocía esa inquietud en sus ojos.

Antonio levantó la vista de su libro.

—Ya es de noche —le advertí, dejando a un lado la costura que tenía entre manos.

—¿Y si vienen esta noche? —preguntó él, en voz baja.

Hablábamos en clave. Las ventanas abiertas eran oídos indiscretos.

—No vendrán —respondió Laura con una seguridad que sonaba a desafío.

—¿Y si vienen? —insistió Antonio.

—Volveré pronto. Me llevo a los niños, por si acaso.

—Si vienen, podrías perder tu única oportunidad.

—Quiero que mis hijos se vean bien cuando eso suceda —dijo ella.

Ya vienen

Antonio negó con la cabeza. Sabía que discutir con Laura era inútil. Era soñadora, obstinada... y más valiente de lo que parecía. Cuando salió, la abracé con fuerza.

—Si vienen, no tendré opción... —susurré.

Ella entendió. Nos entendíamos sin decirlo todo.

Vi cómo subía con sus hijos al Chevrolet del 57 que los esperaba. La brisa nocturna olía a jazmín. Todo parecía normal. Demasiado normal.

Entré a la casa y cerré la puerta.

No habían pasado cinco minutos cuando escuché los golpes. Secos y autoritarios.

Mi corazón comenzó a latir con violencia.

—¿Quién es? —pregunté, aunque ya lo sabía.

—¡Es Carmen!

La presidenta del Comité de Defensa de la Revolución.

La vigilante.

Abrí la puerta. Su presencia llenó el umbral como una sombra.

—¿A dónde van tu hermana y sus hijos a esta hora? No estarán yendo a la Embajada del Perú... ¿verdad?

Sentí el sudor frío recorrerme la espalda.

—No —respondí con calma forzada—. Ya no están dejando entrar a nadie.

Carmen entrecerró los ojos e intentó mirar dentro de la casa. Estaba tan cerca que podía oler su aliento a cebolla. Su mirada buscaba señales de traición.

En cada cuadra había un CDR. Nadie escapaba a la vigilancia. Si ella preguntaba, yo debía responder.

3

Ya vienen

El silencio entre nosotras pesaba como una sentencia. Así que contesté.

.

Capítulo 2

La visita

Berta

Después de que Laura se fue aquella noche a recoger la ropa de las niñas, llevé a mis hijas a la cama. Intenté actuar con normalidad, como si el mundo no estuviera suspendido sobre un hilo. Pero las palabras de Antonio no me dejaban en paz.

—¿Y si vienen esta noche?

Todo era posible.

La casa quedó en silencio. Un silencio extraño, denso. Antonio regresó a la sala y se sentó en el sofá con uno de sus viejos libros de ingeniería, aquellos volúmenes escritos en inglés que guardaba como tesoros. Los leía una y otra vez, como si las fórmulas pudieran protegerlo de la realidad: las raciones cada vez más pequeñas, la casa que apenas resistía, el miedo constante de decir algo indebido.

—Ten cuidado. Las paredes tienen oídos —me repetía.

Y tenía razón.

Habíamos aprendido a vivir en susurros.

Pensé en Tania. En su silencio. En aquella herida que nunca mencionábamos. En cómo escuchaba, años atrás, *La Voz de las Américas* junto a

La visita

Antonio en nuestra habitación sin ventanas, sosteniendo el secreto como si fuera un pacto sagrado. Era una niña demasiado seria para su edad. Demasiado marcada.

Dos meses atrás, en su fiesta de quince, vi por primera vez en años una alegría genuina en sus ojos.

Ojalá hubiera sabido cuánto duraría.

Antonio se acostó a las once. Laura aún no regresaba. Esperé.

Finalmente, cerca de la medianoche, escuché la puerta abrirse suavemente. Laura había vuelto.

Suspiré. Quizás nadie vendría. Quizás el miedo había sido exagerado.

Dos horas después, los golpes sacudieron la puerta. Fuertes. Secos. Autoritarios. No parecían los golpes de un vecino, por lo que mi corazón comenzó a latir con fuerza.

Antes de que pudiera reaccionar, escuché la voz de Laura en la sala.

—¡Niños! ¡Despiértense y vístanse de inmediato!

Salí de mi habitación con la bata puesta. Dos hombres estaban dentro de la casa.

—¡Rápido! ¡No se lleven nada! —ordenó uno.

Laura se movía de un lado a otro ayudando a los niños. Sus manos temblaban. La sala, siempre tan familiar, ahora parecía ajena.

—¿Qué está pasando? —pregunté.

Nadie respondió.

Laura se acercó a mí. Su rostro estaba pálido.

—Hermana... lo siento.

—¿Qué sucede?

—No estás en la lista. Solo los niños y yo.

La visita

Sentí que el suelo desaparecía bajo mis pies.

—Eso no puede ser. Revise otra vez.

—No está —dijo el hombre sin mirarme.

Tania salió vestida y corrió hacia mí.

—¿A dónde vamos? ¿Por qué tú no vienes?

Laura no le había contado nada. No le había dicho que su padre había conseguido un barco.

—Debes ir con tu mamá, cariño.

—¡No sin ustedes!

Se mordía el dedo, conteniendo el llanto. La abracé con fuerza y me miro confundida, con miedo.

—Todo va a estar bien. Confía en tu mamá.

Uno de los hombres levantó la voz:

—Despídanse. ¡Ahora!

Ahora. La palabra cayó como una condena.

Laura me miró. Doce años de espera en sus ojos. Doce años soñando con este momento.

—Perdóname —susurró.

La abracé como si pudiera retenerla.

—No mires atrás —le dije—. Pase lo que pase, no mires atrás.

Antonio ahora estaba detrás de mí. No hablaba, pero entendía. Si ellos se iban... Nosotros quedábamos marcados.

La puerta se abrió y la noche entró en la casa como un golpe de aire frío. Afuera, un vehículo oscuro esperaba con el motor encendido.

Laura tomó la mano de Tania. Gustavo intentaba ser fuerte. Lynette lloraba en silencio.

Cruzaron el umbral.

Laura vaciló apenas un segundo y entonces hizo lo que le pedí. No miró atrás.

La visita

La puerta se cerró con un estruendo que retumbó en las paredes. No fue solo madera contra madera.

Fue el sonido de una familia separándose.

El motor arrancó.

Me quedé inmóvil, escuchando cómo el vehículo se alejaba por la calle Zapote.

Ellos iban hacia lo desconocido. Nosotros nos quedábamos en el peligro.

Antonio habló en un susurro que me heló la sangre:

—Y si no nos podemos ir, ¿qué será de nosotros?

Y en ese instante supe que lo peor aún no había comenzado.

Capítulo 3

Veneno

Berta

No podía quedarme allí sentada sin hacer nada. La idea de permanecer entre aquellas cuatro paredes, esperando noticias, me resultaba insoportable. A la mañana siguiente iría a Inmigración, aunque solo fuera para escuchar un "no sabemos nada". Cualquier respuesta, incluso una negativa, sería mejor que esta incertidumbre que me oprimía el pecho.

Después de su partida, la casa quedó suspendida en un silencio extraño, casi antinatural. No habían tenido tiempo de hacer las camas ni de recoger sus cosas; la habitación de Laura parecía como si una ráfaga hubiese atravesado el espacio, dejando ropa sobre la cama, cajones entreabiertos y la lámpara del techo aún encendida, como testigo inmóvil de lo que acababa de ocurrir. El aire estaba denso porque Laura había cerrado las ventanas antes de prepararse para salir; las abrí un poco para que entrara la brisa nocturna, pero ni siquiera el aire fresco logró disipar la sensación de vacío.

Me senté en el borde de su cama, incapaz de ordenar nada, incapaz siquiera de pensar con claridad. Le había insistido a Antonio para que regresara a su habitación con las niñas, pero dudaba que alguno de los tres pudiera dormir. En cuestión de horas, nuestra vida se había fracturado en dos direcciones opuestas: ellos hacia lo desconocido; nosotros, hacia una espera que podía convertirse en condena.

Los oficiales se negaron a responder mis preguntas, por lo que no sabía si habían llevado a Laura y a los niños directamente al puerto de Mariel, aquel lugar improvisado por el gobierno para quienes serían recogidos por familiares desde los Estados Unidos.

Me preguntaba si Río estaría allí esperándolos, si su barco estaría en condiciones de cruzar el estrecho, si llegarían sanos y salvos. Antonio siempre decía que yo me preocupaba demasiado por los demás, y tal vez tenía razón, pero ¿cómo no hacerlo cuando el mar podía tragárselos sin aviso? Al mismo tiempo, otra inquietud comenzaba a instalarse en mí: ¿qué sería de nosotros? ¿Tendríamos alguna oportunidad de salir de Cuba o quedaríamos atrapados en la represalia silenciosa que seguía a cada partida?

Hacía más de una docena de años que habíamos llenado el papeleo para salir de Cuba, pero siempre hubo excusas, razones ilógicas. Esta era nuestra única oportunidad de irnos. Nuestra salida parecía tan inminente que todo se derrumbara antes, como un edificio en la Habana Vieja durante un huracán. Y eso, precisamente, acaba de pasar por nuestras vidas, un huracán que se había llevado parte de mi ser.

Intenté distraerme, aunque fuese inútil.

Mi mirada recorrió la habitación una y otra vez, como si esperara verlos reaparecer en cualquier

Veneno

momento. Fue entonces cuando mis ojos se detuvieron en la fotografía colgada junto a la cómoda: Laura y yo, adolescentes, vestidas con elegancia sobre una escalera de mármol, en aquella fiesta de 1957 organizada por uno de los estudiantes adinerados a quienes ella daba clases particulares. Mamá nos había confeccionado los vestidos con la destreza de sus manos de costurera, y aunque siempre pensé que Laura se veía más hermosa, ella insistía en que la bonita era yo.

Al observar aquella imagen, regresaron los recuerdos de mi infancia, de la enfermedad que marcó mi cuerpo y mi carácter. La difteria había frenado mi crecimiento y me había obligado a pasar años entre hospitales y pruebas médicas; aprendí a leer tarde, soporté comentarios crueles y desarrollé una determinación que se convirtió en mi mayor fortaleza. Cada dificultad me enseñó que, si quería un lugar en el mundo, tendría que conquistarlo con esfuerzo y disciplina.

Laura, en cambio, siempre fue distinta. Donde yo veía obstáculos, ella veía oportunidades. Desde niña inventaba pequeños negocios, cobrando un centavo por exhibiciones hechas con cajas de cartón o por llamadas telefónicas imaginarias con latas unidas por hilo. Mamá la llamaba "Veneno", un apodo que siempre me pareció injusto. Laura no era veneno; era impulso, fuego, esa fuerza que se niega a aceptar límites. Criaba a sus tres hijos, trabajaba sin descanso y vendía delineadores en el mercado negro para completar un salario que nunca alcanzaba. Había esperado doce años para reunirse con su esposo, doce años cargando con la culpa de

11

un intento desesperado que casi le cuesta la vida y la de sus hijos.

Miré de nuevo la habitación desordenada y comprendí que aquel caos no era más que el reflejo de nuestra historia compartida: lucha constante, decisiones forzadas, despedidas impuestas. Afuera, la calle Zapote permanecía en silencio, pero yo sabía que ese silencio era frágil. Ellos iban rumbo a una libertad incierta; nosotros nos quedábamos con la certeza del peligro.

Y mientras la brisa movía suavemente las cortinas, comprendí que el verdadero peso no era la separación, sino la posibilidad de que el destino hubiera decidido dividirnos para siempre.

Laura (derecha) y yo – alrededor de 1958

Capítulo 4

Carmen

Berta

Mi cuerpo se estremeció cuando unos golpes violentos sacudieron la puerta.

—¡Berta! ¡Abre! ¡Es urgente!

Me incorporé sobresaltada, desorientada, intentando entender dónde estaba. La penumbra de la habitación me resultaba ajena durante unos segundos, hasta que reconocí el techo, la lámpara encendida, la ropa esparcida bajo mi cuerpo. Me había quedado dormida sobre la cama de Laura, encima de sus vestidos, como si aferrarme a ellos pudiera acercarme a ella.

Miré el reloj de la mesita de noche. Las cuatro de la madrugada.

Los golpes volvieron, acompañados por la misma voz. Ahora la reconocí. Carmen.

¿Qué hacía aquí a esa hora? ¿Qué podía ser tan urgente que no pudiera esperar hasta el amanecer?

Me levanté, todavía aturdida, y abrí la puerta. Carmen estaba allí, con su bata de casa y los rolos puestos, respirando agitadamente. No me dio tiempo a formular una sola pregunta.

—¡Tienes que venir conmigo ahora mismo! ¡Tu hermana está llamando desde el Cabaret Tropicana! ¡Debes hablar con ella de inmediato!

La miré, incrédula.

—¿Mi hermana? ¿Desde Tropicana? ¿Dónde están los niños?

—¡No lo sé! Estaba medio dormida cuando sonó el teléfono. Habló rápido, nerviosa... dijo algo sobre unos papeles. ¡Ven!

Carmen era la única persona de la cuadra con teléfono. No tuve más opción que seguirla. Caminamos a paso rápido por la calle Zapote, envuelta en una oscuridad casi total. Las fachadas deterioradas de las casas coloniales parecían aún más sombrías bajo la luz mortecina de los faroles. El aroma del jazmín y de la hierba húmeda se mezclaba con el frío de la madrugada, pero yo apenas lo percibía. Mi mente iba delante de mis pasos.

Al llegar, Carmen abrió la puerta y señaló el teléfono como si fuera un artefacto explosivo.

Corrí hacia él y levanté el auricular negro.

—Laura, ¿qué está pasando? ¿Por qué me llamas desde Tropicana? ¿Dónde están los niños?

El Cabaret Tropicana... aquel símbolo de otra época, donde, antes de 1959, desfilaban celebridades y millonarios bajo luces brillantes y espectáculos fastuosos. Ahora seguía funcionando, pero solo para turistas seleccionados y para la élite del régimen. ¿Qué hacía Laura allí?

La voz de mi hermana llegó entrecortada, apresurada.

—No tengo tiempo de explicarlo. Dejé a los niños en el Edificio Abreu Fontán. Ya sabes dónde está... donde la Quinta Avenida se convierte en una rotonda. ¿Te acuerdas?

Sentí que el suelo se movía bajo mis pies.

—Sí, sé dónde está. Pero ¿por qué están allí? ¿Están solos?

—Sí. Está cerrado a esta hora. Necesitaba un lugar desde donde pudiera llamarte sin que me escucharan. No puedo hablar mucho. Los niños están solos. Si los ven llorando, se los llevarán.

—¿Qué estás diciendo?

—Un médico nos ayudó. Les dio pastillas para calmarlos.

—¿Pastillas? ¡Laura, son niños!

—No lo entiendes —me interrumpió—. Los funcionarios vigilan a los niños que lloran. Los convencen de quedarse. Debes decírselo a tus hijas: si alguna vez las traen aquí, no pueden llorar. ¿Me oyes? No pueden llorar.

El miedo me apretó la garganta.

—Todos mis papeles están en la cómoda, en la primera gaveta, dentro de una bolsa grande. No me dejaron sacar nada. Sin esos documentos no pueden procesarnos. Berta, por favor... esta es mi única oportunidad.

La desesperación en su voz me atravesó.

—Voy a buscar los papeles —respondí, intentando sonar firme—. No sé cómo llegaré hasta allí a esta hora, pero lo haré. Regresa con los niños. No los dejes solos.

—Así lo haré.

La línea se cortó.

Me quedé unos segundos con el auricular en la mano, escuchando el tono muerto.

15

Carmen, que había permanecido atenta a cada palabra, me miró con una expresión preocupada.

—Ya es hora de que esos niños se reúnan con su padre —dijo en voz baja—. Demasiados años separados.

La miré sin responder. Quise decirle que el mismo gobierno que ella defendía era responsable de todo aquello, de los doce años de separación, del miedo, de la urgencia. Pero no podía. No a ella. No a nadie.

Le di las gracias por permitir la llamada.

Salí de su casa con el corazón latiéndome en los oídos. Ahora tenía que encontrar la manera de llegar adonde se encontraba Laura.

Capítulo 5

El favor

Berta

No sabía qué hacer. Todavía era muy temprano. ¿Quién podría llevarme al Abreu Fontán a esta hora? Entonces pensé en Orlando, el novio de Tania. Su padrastro pertenecía al Partido Comunista y estaba bien relacionado. Tenía acceso a lo que pocos de nosotros teníamos. Esa era mi única opción.

Me apresuré a casa para ponerme ropa más apropiada, un par de pantalones azules que me quedaban demasiado grandes y una blusa blanca. Luego salí corriendo de la casa. Sobre la mesa, dejé una nota para Antonio diciéndole a dónde iba.

Eran las cinco cuando llegué al apartamento donde vivían Orlando y su familia. Tenía los papeles conmigo, pero también traje algo de comida para bebés, galletas saladas y leche condensada para los niños. No eran bebés, pero eso fue todo lo que pude encontrar a esa hora.

La mamá de Orlando abrió la puerta. Le hablé como si estuviera disparando de una ametralladora, ya que temía que me cerrara la puerta en la cara sin dejar que terminara. Ni ella ni el padrastro del chico estaban de acuerdo de que estuviese viendo a Tania. Él mismo me lo había insinuado.

El favor

—Lamento despertarla a esta hora. Sé que es muy temprano, pero no sabía a dónde ir. A mi hermana y a sus hijos los recogieron en plena madrugada y se los llevaron al Edificio Abreu Fontán. El padre de Tania ha venido en un bote para llevarlos a Estados Unidos. Sin embargo, mi hermana dejó sus papeles en casa. Debo llevárselos. ¿Podría ayudarme? Necesito a alguien que me lleve.

La mamá de Orlando no me pidió que entrara. No esperaba que lo hiciera. Después de todo, éramos diferentes. Yo no creía en la revolución, mientras que ella sí. Permaneció en silencio. Entonces me di cuenta de que no tenía intención de ayudarme. Me comencé a poner nerviosa, sin saber qué haría si no me ayudaba, cuando de repente, escuché una voz masculina.

—¿Tania se va? —dijo Orlando antes de que la puerta se abriera—. Necesito ir a hablar con ella. Por favor, lléveme adonde está. No puede irse sin despedirse de mí. ¡La amo! Tengo que decírselo.

Inhalé y luché por contener las lágrimas. Parecía tan desesperado. Él la amaba de verdad. Este joven no entendía lo que yo planeaba hacer. No sabía que le rompería el corazón.

—Por supuesto que tienes que verla. Lo entiendo. Tuve tu edad. Claro que puedes venir conmigo.

—Orlando —dijo su madre—. Tienes que dejarla ir. Ella nunca regresará, y tú no vas a ir a ninguna parte. ¿Entiendes que esta será la última vez que hablarás con ella? No te hagas esto a ti mismo. Tienes expectativas poco realistas. Tienes diecisiete años. Tienes toda una vida por delante. Es hora de seguir adelante.

El favor

Miró a su madre en silencio.

—Déjame ir a buscar a mi padrastro. Saldremos enseguida.

Al ver que la mamá de Orlando no me invitaba a pasar, le dije:

—Esperaré afuera. Gracias por su ayuda. Entonces bajé las escaleras.

Capítulo 6

El edificio Abreu Fontán

Berta

Desde que salimos de Santos Suárez, no podía dejar de preguntarme cómo impediría que Orlando hablara con Tania. No podía permitir que la viera. Tenía que inventar algo, cualquier cosa. No iba a arriesgar la salida de Laura y de los niños por un impulso adolescente. Ella había esperado doce años para reunirse con Río, y el futuro de Tania no estaba en Cuba.

Sentía las piernas débiles y las manos húmedas. Me las restregué contra los pantalones mientras intentaba organizar mis pensamientos. Recordé la noche anterior, cuando sorprendí a Orlando y a Tania besándose. La manera en que ella lo miraba... esos ojos brillantes, entregados, convencidos de que aquello era amor. Pero ¿qué sabía una niña de quince años del amor verdadero? Creía estar enamorada, sí, pero no entendía lo que el amor exige ni lo que puede destruir.

La madre de Orlando tenía razón en algo: ambos tendrían que seguir caminos distintos.

Cuando el automóvil se detuvo frente al edificio Abreu Fontán, cerca de la carretera circular, Orlando abrió la puerta antes de que el vehículo terminara de estacionarse. Su urgencia me inquietó.

—Déjame ir primero —le dije con suavidad—. Quédate aquí por ahora.

Se volvió hacia su padrastro y luego hacia mí, con los ojos llenos de ansiedad.

—Dígale que estoy aquí. Por favor. Dígale que la amo y que necesito hablar con ella.

—Se lo diré —respondí—. No te preocupes.

En ese instante, el padrastro y yo cruzamos una mirada breve pero clara. No hizo falta pronunciar palabra. Ambos entendíamos lo que debía ocurrir.

Sería lo único en lo que coincidiríamos.

Entré al edificio casi corriendo, pero me detuvieron en el puesto de control. Le expliqué al joven oficial que debía entregar unos documentos urgentes a mi hermana.

—Espere aquí —me indicó.

Desde allí pude ver el interior abarrotado. Familias enteras ocupaban cada rincón. Rostros tensos, niños adormilados, maletas improvisadas. Busqué a Laura entre la multitud, pero el movimiento constante dificultaba distinguirla.

Por un momento giré la cabeza hacia la entrada, temiendo que Orlando decidiera desobedecerme y entrar por su cuenta. Necesitaba que Laura apareciera pronto.

Finalmente la vi. Caminaba hacia mí con los hombros caídos y ojeras profundas. Apenas debía haber dormido una hora, si es que lo había hecho.

Nos abrazamos con fuerza.

—Gracias por venir —susurró.

—Aquí están tus papeles —le dije, entregándole la bolsa—. Y traje algo de comida para los niños.

—Gracias... siempre piensas en todo —respondió con voz agotada—. Han estado despiertos toda la noche. Aquí no hay dónde descansar.

Lo sabía.

Respiré hondo antes de hablar.

—Hay algo más. Orlando está afuera. Quiere ver a Tania.

Laura me miró con alarma.

—No. No puede verla. ¿Me entiendes?

—Te entiendo perfectamente. Le diré que no puede salir. Le diré que te entregué el mensaje para que tú se lo dieras. Pero Tania no puede saber que él vino.

—No lo sabrá. No voy a permitir que mi hija arruine su futuro por una ilusión.

No pude evitar sonreír con cierta ironía.

—Me pregunto de quién heredó esa inclinación.

Laura entendió de inmediato. Río no había sido el hombre ideal. Se casó con él desafiando los deseos de mamá, quien soñaba con un yerno responsable, no con un joven carismático y temerario que conducía su moto como si la vida fuera eterna. Laura se dejó llevar por el encanto. No podía juzgar a Tania por sentir lo mismo.

Le di otro abrazo, más largo.

—Te voy a extrañar —dijo, y sus ojos se llenaron de lágrimas—. Ojalá puedan irse pronto.

Noté que los guardias nos observaban.

—Regresa con los niños —le pedí con firmeza—. Estaremos bien. Pronto nos reuniremos. Dales un abrazo y diles que los quiero. Tienen suerte de tener una madre como la tuya. Ahora es el momento de empezar de nuevo.

El edificio Abreu Fontán

No podía permitirme llorar. Siempre había sido la pragmática, la fuerte.

La solté antes de que mi voz me traicionara.

Y me dirigí hacia la salida sin mirar atrás.

Capítulo 7

Ella nunca lo sabrá

Berta

Cuando regresé al automóvil, Orlando estaba de pie junto a la puerta del pasajero, rígido, como si llevara varios minutos sin moverse. Sus ansiosos ojos azules se clavaron en los míos en cuanto me vio, buscando una señal, una esperanza, cualquier gesto que le confirmara que aún tenía una oportunidad.

—Bueno... ¿puedo ver a Tania? —preguntó, conteniendo la respiración.

Antes de responder, miré al padrastro, que seguía sentado tras el volante. Debió notar mi vacilación al girar la cabeza hacia mí. Una vez más, nuestras miradas se encontraron y sostuvieron una conversación silenciosa. Sabíamos lo que había que hacer, aunque ninguno quería asumir el peso de esa decisión.

Volví a mirar a Orlando.

—Hablé con el oficial —mentí con voz serena—. No permiten visitas. Lo siento. Le dejé tu mensaje a Laura. Ella se lo dirá a Tania. No te preocupes... te escribirá cuando llegue a Estados Unidos.

Orlando frunció el ceño, aferrándose a la última palabra.

Ella nunca lo sabrá

—¿Tiene mi dirección?

Sentí un nudo en el estómago. ¿Qué estaba haciendo? ¿Por qué le ofrecía una ilusión que sabía que no se cumpliría?

—Si me la escribes en un papel, se la incluiré en mis cartas —respondí, tratando de sostenerle la mirada.

—Pero... yo quería decírselo en persona —murmuró, la voz apenas quebrándose.

—Orlando —intervino su padrastro con tono firme—, regresemos a casa. Súbete al auto.

El muchacho bajó la cabeza. Sus hombros, que momentos antes estaban tensos por la urgencia, ahora parecían hundidos bajo un peso invisible. Obedeció sin protestar y se sentó en el asiento del pasajero, mirando fijamente al frente.

Mientras el vehículo arrancaba, me pregunté si en ese instante había comprendido, aunque fuera de manera confusa, que aquella despedida no tendría palabras, que Tania jamás sabría que él estuvo allí esperándola al amanecer, que nunca leería una carta suya, que nunca volverían a encontrarse.

Y por primera vez desde que todo había comenzado, sentí que no solo estaba protegiendo el futuro de mi sobrina, sino rompiendo el corazón de un joven que aún no entendía que la historia ya había decidido por él.

Capítulo 8

La muchacha de la embajada

Berta

El fin de semana siguiente a que Laura se marchó con sus hijos, dos compañeras de escuela de Tania y Lynette vinieron a visitarme. Habían estado tantas veces en nuestra casa que ya formaban parte de la familia.

Marina, la quinceañera, estaba sentada en el sofá junto a su hermana Yvette cuando me dijo con preocupación:

—Tía Berta, hoy no vi a Tania ni a Lynette en la escuela... y luego escuché que se habían ido a Estados Unidos. Carmen se lo contó a la mamá de un muchacho de esta cuadra.

Contuve un suspiro. Carmen nunca sabía guardar silencio.

—Su padre vino por ellas —respondí con serenidad—. No sé cuándo saldrán exactamente, pero sí... espero que pronto estén en Estados Unidos.

Mientras hablaba, pensé en Laura. Ella siempre repetía su historia, como si al contarla pudiera justificar tantos años de dolor. Así que hice lo mismo.

Les hablé de 1968, de la separación, de los doce años de ausencia, de las noches en que Laura lloraba junto a la radio cuando una canción le recordaba a Río. Les hablé de José Martí, del amor por la libertad, de mi deseo de que mis hijas pudieran algún día vivir en un país donde opinar no fuera un delito.

Cuando terminé, comprendí que había dicho demasiado.

Pero ya era tarde.

Marina miró la fotografía de Laura con sus hijos colgada en la pared. Luego bajó la vista al piso de baldosas. Para ella, Laura había sido algo más que una madre sustituta. En su casa no había estabilidad. Su madre, enferma de esquizofrenia, pasaba horas mirando la pared. Su hermano, sordomudo, vivía aislado en un colchón deteriorado. El padre trabajaba sin descanso, pero apenas alcanzaba para sobrevivir.

Laura, al enterarse de aquello, organizó una fiesta de quince años para Marina con el dinero que apenas tenía.

—Todas las niñas merecen una celebración de quince —había dicho.

Esa noche, Marina se sintió princesa.

Ahora entendía su tristeza.

Al ver la habitación de Laura desordenada, tal como la había dejado, Marina preguntó con timidez:

—¿Podemos ayudar a limpiar?

Me dio vergüenza. Pero antes de que pudiera negarme, ambas comenzaron a recoger, a doblar la ropa, a hacer las camas. Cuando terminaron, la casa parecía respirar de nuevo.

Les ofrecí ropa de mis sobrinas.

—Ellas no la necesitarán —dije.

Marina dudó.

—Podría venderla...

—Llévense lo que quieran.

Se probaron algunos vestidos frente al espejo. Sonreí. Comprendí por qué Laura nunca dudaba en ayudar.

Pero una pregunta comenzó a inquietarme:

¿Y si no las dejaban salir?

¿Y si todo cambiaba otra vez?

Los acontecimientos en la Embajada del Perú habían alterado el país entero. El anuncio de Castro abriendo el puerto de Mariel era una válvula de escape para una olla a presión. Pero en Cuba, nada era seguro.

El lunes siguiente tomé un autobús hacia el edificio de Inmigración. El tráfico estaba desviado debido a la tensión en torno a la embajada. Mientras intentaba orientarme, vi a una mujer caminar junto a una muchacha de la misma edad que Tania.

—¿Sabe dónde puedo tomar el autobús hacia Inmigración? —pregunté.

La mujer me dio indicaciones y, sin explicación alguna, le dijo a la niña:

—Ve con ella.

Y cruzó la avenida.

Me quedé desconcertada.

—¿Quién era esa señora? —pregunté mientras caminábamos.

—No la conozco. Me vio salir de la embajada y dijo que temía por mi seguridad.

Entonces comprendí.

—¿Estabas en la Embajada del Perú?

—Sí. Me dieron un salvoconducto temporal. Mi madre se enfermó y tuvo que salir... pero me dijo que debía salvarme.

La muchacha de la embajada

Antes de que pudiera preguntarle más, escuché gritos detrás de nosotras.

—¡Prostituta! ¡Salió de la embajada! ¡No la protejas!

Me giré.

Un grupo de al menos cuarenta personas corría hacia nosotras.

El miedo me atravesó como un cuchillo.

—¡Corre! —le grité.

La tomé de la mano y corrimos.

Pensé en Tania. Pensé que eso podría haberle pasado a ella.

Dios, protégela. Protégela siempre.

Las piedras comenzaron a caer cerca de nosotras. Sentí el silbido de una pasar junto a mi cabeza. Me ardían los pulmones. No podía correr mucho más.

Entonces vi un taxi.

Agité los brazos con desesperación.

Por un instante pensé que no se detendría. Ayudarnos era peligroso. En aquellos días, quienes salían de la embajada eran enemigos.

Pero el taxi frenó.

—¡Suban rápido! —gritó el chofer.

Empujé primero a la muchacha y luego entré yo, cerrando la puerta justo cuando una piedra golpeó el pavimento.

El auto arrancó.

Temblábamos.

Solo entonces noté su olor, la suciedad de su ropa, el cansancio profundo en sus ojos hundidos. No sabía cuántos días llevaba sin bañarse.

—Gracias —dije al conductor—. Podrían habernos matado.

La muchacha de la embajada

—Ya nada me sorprende —respondió.

—Solo tengo dos pesos. Déjeme en Inmigración y luego llévela a ella a La Habana Vieja.

—Deme los dos pesos. Es suficiente.

Cuando me bajé, la niña me tomó la mano.

—Gracias —susurró.

Mientras caminaba hacia el edificio, las lágrimas me nublaron la vista.

Si la turba nos hubiera alcanzado, nos habrían golpeado. Tal vez algo peor.

Y sin embargo, no dudé porque si Tania o Lynette estuvieran en esa situación, habría esperado que alguien hiciera lo mismo por ellas.

Lo que todavía no entiendo es cómo fui capaz de arriesgar mi vida... *¿Cómo me arriesgué a dejar a mis hijas sin madre?*

Capítulo 9

Julieta

Berta

Poco después de mi visita a Inmigración, Antonio y yo renunciamos a nuestros trabajos. Ya no era seguro exponernos en público desde que comenzaron los actos de repudio contra quienes deseaban abandonar el país. Aquellas demostraciones no eran simples protestas espontáneas; eran humillaciones organizadas, a menudo acompañadas de violencia, diseñadas para quebrar voluntades y sembrar el miedo. Decidimos minimizar nuestras salidas y movernos con cautela, casi como si la casa fuera un refugio frágil en medio de una tormenta política.

Mientras tanto, Sara, la hermana de Antonio, que vivía en Estados Unidos desde principios de los años sesenta, recorría países de Centroamérica para obtener nuestras visas. Entendía que debíamos salir de la isla, y no descansaría hasta lograrlo. Nosotros, por nuestra parte, confiábamos en que nuestros ahorros bastarían para sostenernos hasta que llegaran los documentos. No queríamos pedirle dinero; ya hacía demasiado por nosotros.

El éxodo del Mariel estaba en pleno apogeo. Más de 125.000 personas abandonarían Cuba durante aquellas semanas, lo que se convertiría en uno

31

de los mayores éxodos de la historia reciente. Yo no podía evitar preguntarme cuántos perderían la vida en la peligrosa travesía desde el puerto de Mariel hasta Cayo Hueso. El mar no distingue entre esperanza y desesperación.

Durante varios días no supe nada de Laura ni de los niños. La incertidumbre comenzó a consumirnos.

—¿Has oído algo? —me preguntaba Antonio una y otra vez, y en sus ojos veía el mismo temor que me habitaba.

La noche del 26 de abril de 1980 una tormenta violenta me despertó. Los truenos sacudían la casa y los relámpagos rasgaban la oscuridad. Me incorporé sobresaltada, con la mano en el pecho, sintiendo el corazón desbocado. Para no despertar a Antonio, caminé hasta la sala y aparté ligeramente las persianas. La lluvia caía con furia, el viento azotaba las ventanas como si quisiera arrancarlas.

Un pensamiento me heló la sangre: ¿Y si estaban en el mar?

Quise creer que el gobierno no permitiría salir en una noche así. Cruzar el estrecho bajo aquella tormenta era casi una sentencia de muerte.

Regresé a la cama, pero el sueño no llegó. Cuando finalmente cerré los ojos, soñé con Laura gritando mi nombre.

—¡Ayúdame! ¡Ayúdame!

Desperté sobresaltada.

Laura siempre decía que estábamos conectadas de una manera que trascendía la razón. Yo nunca lo creí... hasta esa noche.

El 2 de mayo llegó un telegrama de Western Union. Mis manos temblaron al abrirlo.

Julieta

"Salimos de Cuba la noche del 26 de abril de 1980. Después de una noche tempestuosa, los niños, su abuela y yo llegamos sanos y salvos. Río está ahora con nosotros."

La noche de la tormenta.

Sentí un escalofrío recorrerme el cuerpo. Mientras yo miraba la lluvia desde la ventana, ellos luchaban contra el mar. Imaginé el barco sacudido por las olas, los niños aferrados a su madre, Laura intentando sostener la calma. A pesar de mi fortaleza, lloré. Lloré de alivio.

Después de doce años, Laura y sus hijos estaban libres. Los niños volvían a tener a su padre.

Pero la alegría pronto dio paso a otra inquietud.

¿Y nosotros?

¿Cuánto tiempo más esperaríamos?

Con el paso de los días, la tensión comenzó a notarse. No advertí al principio cuánto afectaba a Julieta. A mediados de mayo, noté que su cabello comenzaba a caerse en mechones pequeños. Antes, su pelo castaño y rizado enmarcaba una sonrisa luminosa; ahora, su expresión era apagada, y pequeños claros aparecían en su cabecita.

Una noche, Antonio se derrumbó.

—Es culpa nuestra —dijo con voz quebrada—. Estamos enloqueciendo a las niñas con tantas conversaciones sobre irnos.

—No es culpa nuestra —respondí con firmeza—. Es culpa de este gobierno.

Se llevó las manos a las sienes.

—¿De qué sirvo si no puedo proteger a mi familia? —murmuró—. Me siento inútil.

No supe qué decir. Verlo así me desgarraba.

—¿Cómo evitamos que se arranque el pelo? —preguntó.

—No sabemos si lo está haciendo... puede ser el estrés —respondí, aunque sabía que mis palabras no lo tranquilizarían.

Me senté a su lado y pasé el brazo por su espalda. Estaba llorando. Siempre pensé que el llanto de un hombre tiene algo profundamente doloroso, como si se quebrara una estructura invisible.

Entonces escuchamos un leve ruido proveniente del armario.

La puerta se movió apenas.

Me levanté y la abrí.

Allí estaba Julieta, escondida en la oscuridad, con los ojos inundados de lágrimas.

—No quiero que mi papi esté triste —sollozó—. No quiero que mi papi llore. No volveré a halarme el pelo.

Sentí que el corazón se me partía.

La cargué en mis brazos.

—Mi amor... no es tu culpa. Nada de esto es tu culpa.

Antonio se secó el rostro y la tomó entre sus brazos.

—Papi está bien —le susurró—. Todo va a estar bien. Mami tiene razón.

Nos abrazamos los tres, aferrándonos unos a otros como si aquel gesto pudiera sostenernos frente a todo lo que aún estaba por venir.

Pero, en el fondo, sabíamos que no era el mar el único que amenazaba con tragarnos.

Era la espera.

Julieta

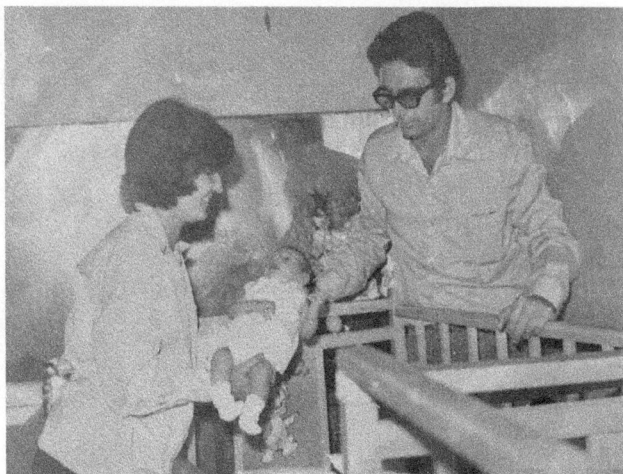

Página anterior: Antonio, Julieta y yo, poco después de que ella naciera.
Arriba: Antonio y yo en la boda civil.

Capítulo 10

El primer intento

Berta

Esa mañana, antes de que llegaran, llevé a mi hija mayor, Mónica, a la escuela primaria. Caminaba a mi lado con la pañoleta roja anudada al cuello, el símbolo del comunismo descansando sobre la blusa blanca de su uniforme. Sabía exactamente lo que sucedería después de dejarla allí: formaría fila con los demás niños y repetiría el lema diario:

—¡Pioneros por el comunismo! ¡Seremos como el Che!

Pero también sabía que esas palabras no significaban nada para ella.

Mi hija no sería como Che Guevara. De eso estaba absolutamente segura.

No quería que mis hijas se parecieran a aquel hombre que había ordenado la muerte de tantos compatriotas, un extranjero que ni siquiera había nacido en Cuba y que, sin embargo, se había arrogado el derecho de decidir nuestro destino.

Pero Mónica debía interpretar su papel.

No podía permitir que luchara mis batallas. Algunos padres se negaban a que sus hijos usaran la pañoleta roja. No los juzgaba; hacían lo que creían correcto. Pero mis sobrinas habían visto cómo los maestros trataban a los niños que se resistían. No iba a ofrecer a mis hijas como blanco.

Era como colocar un cartel sobre sus cabezas: "Aquí estamos. Vengan a vigilarnos."

Así que mis hijas aprendieron a vivir una doble existencia. En casa conocían la verdad; en la escuela repetían la versión oficial. Les recordaba constantemente que nuestra permanencia en Cuba era temporal.

—No hagan amigas íntimas.

—No confíen en nadie fuera de casa.

—Recuerden que nos vamos.

—No somos socialistas.

—El gobierno divide familias. Nosotros debemos mantenernos unidos.

A veces me preguntaba cuánto daño causaba en ellas esa fractura diaria, esa necesidad de habitar dos realidades opuestas. Pero todo lo que vale la pena exige sacrificio. Y este era el nuestro.

En casa, la tensión era constante. Antonio y yo estábamos deprimidos, encerrados bajo el mismo techo día tras día. Discutíamos por nimiedades. Cuando su desesperación me agotaba, amenazaba con divorciarme.

—¡Te lo juro, Antonio! ¡Si sigues así, me divorcio!

Cuando Laura vivía con nosotros, se reía y le decía:

—No le hagas caso. Mi hermana es explosiva, pero nunca se divorciará.

Tenía razón. Yo lo amaba. Nunca podría pagarle lo que hizo por los hijos de Laura: el tiempo que les dedicó y el cariño que les dio.

El primer intento

Pero Antonio estaba quebrado. Siempre había sido proveedor, fuerte, protector. Ahora se sentía inútil. Sabía que, si los matones organizados por el gobierno nos atacaban en la calle, no podría defendernos. Ese pensamiento lo atormentaba.

Aun así, intentábamos seguir adelante.

Esa mañana, unos minutos antes de que todo cambiara, Antonio estaba en la sala leyendo uno de sus viejos libros de ingeniería. Julieta jugaba en el suelo con su muñeca sin brazos. Yo estaba en la cocina preparando arroz blanco para el almuerzo.

Eran apenas las diez.

Entonces escuchamos golpes fuertes en la puerta.

Antonio se levantó de un salto. Julieta lo miró con los ojos muy abiertos.

—Quédate aquí —le dijo mientras cerraba el libro y se dirigía a la entrada.

Pensé que sería algún vecino. Seguí en la cocina unos segundos más.

Pero después escuché voces graves, desconocidas.

Y entonces Antonio gritó:

—¡Berta! ¡Apúrate! ¡Tenemos que ir a la escuela a recoger a Mónica!

Sentí que el corazón se me salía del pecho. Corrí hacia la sala.

Dos hombres uniformados estaban de pie en medio de mi casa.

—Tienen que venir con nosotros —dijo uno—. Un pariente ha venido a recogerlos.

Por un instante no pude respirar.

¿Era posible?

El primer intento

Miré a Antonio. Hice un esfuerzo sobrehumano por no sonreír, por no abrazar a aquellos hombres que acababan de traer la noticia que habíamos esperado durante semanas.

¡Finalmente!

Íbamos a reunirnos con Laura.

—Antonio, quédate con ellos. Voy a buscar a Mónica —dije, tratando de sonar serena.

Uno de los hombres comenzó a mirar alrededor con detenimiento.

—Primero revisaremos la casa. Ya sabe... un inventario visual.

Sin esperar respuesta, avanzó hacia el comedor.

Pasé junto a él en el camino al dormitorio para cambiarme. Al cruzar, noté que observaba la afeitadora eléctrica que Antonio había dejado sobre la mesa.

¿Por qué no la guardó?

Me cambié a toda prisa. Cuando regresé, el hombre estaba frente al refrigerador abierto. La afeitadora ya no estaba donde la había visto segundos antes.

Se la había llevado.

Sentí una punzada de rabia, pero la reprimí. De todos modos, no nos permitirían llevar nada. Lo material ya no importaba.

Importaba salir. Importaba llegar vivos.

Me dirigí hacia la puerta, consciente de que no sabía qué encontraría al regresar.

—¡Vuelvo enseguida! —anuncié, tratando de que mi voz no delatara el temblor que me recorría el cuerpo.

El primer intento

Y mientras salía, comprendí que no solo corría hacia la escuela por mi hija.
Estaba corriendo hacia una nueva vida.

Capítulo 11

De nuevo en el Abreu Fontán

Berta

Era el 23 de mayo de 1980.

Cuando llegué a la escuela primaria de mi hija, pedí hablar con la directora. Le dije que nos íbamos del país.

Me miró por encima de sus gruesas gafas.

—Así que eres una traidora que no cree en la revolución.

Inhalé despacio. No tenía sentido discutir con aquella mujer.

—Mi hermana vive allí —dije—. Mi hija la extraña.

La directora me sostuvo la mirada unos segundos más, como si quisiera pesar cada palabra. Luego sacó un papel del escritorio y lo empujó hacia mí.

—Fírmalo. Es para sacar a tu hija de la escuela.

Firmé de inmediato. Salimos y caminamos rápido de regreso a casa.

Mientras ayudaba a mis hijas a cambiarse de ropa, pensé en la comida que quedaba en el refrigerador y en el resto de mi cuota mensual de comestibles. Con tanta escasez en el país, no quería que se desperdiciara.

Me acerqué a uno de los oficiales.

—¿Puedo repartir la comida entre mis vecinos?

Me observó con recelo. Finalmente asintió.

Antonio se quedó con las niñas mientras yo iba a las casas más cercanas: una mujer con dos hijas y un anciano que vivía solo. Cuando terminé, le entregué las llaves a Carmen, la encargada del CDR.

Poco después seguimos a los oficiales hasta el automóvil.

Antonio se inclinó hacia mí.

—No puedo creer que estuvieras tan preocupada por la comida.

—No afectó nuestros planes. ¿Cuál es el problema?

Negó con la cabeza, pero no respondió.

Su reacción me inquietó. A veces la vida tenía una forma cruel de darle la razón.

El trayecto hasta el edificio duró unos veinte minutos. Yo ya había estado allí antes, cuando llevé los documentos de Laura, pero esta vez todo se sentía distinto.

—¿Vamos a ver pronto a tía Laura y a nuestros primos? —preguntó Julieta.

—Eso espero, mi amor.

Los funcionarios nos observaban a través del espejo retrovisor. Tan serios que me pregunté si alguna vez sonreían.

Los cuatro íbamos apretados en el asiento trasero del Lada ruso. Julieta estaba en mi regazo; Mónica, entre Antonio y yo.

El espacio era mínimo. Mis piernas empezaron a entumecerse. Antonio medía seis pies; yo apenas cinco. Si yo estaba incómoda, no quería imaginar cómo se sentía él.

Piernas entumecidas.

Un precio pequeño.

Finalmente, el automóvil se detuvo frente a un edificio blanco.

—Entren ahí. Los procesarán dentro.

Salimos. Antes de cerrar la puerta, uno de los oficiales añadió:

—Tienen que procesarlos rápido. El barco sale esta noche.

¿Esta noche?

Sentí que el corazón me golpeaba el pecho, pero no dije nada.

Dentro del edificio había decenas de familias. Entonces recordé lo que Laura me había advertido:

Se están llevando a los niños. No dejes que tus hijas lloren.

Miré a las niñas. No parecían tristes. Más bien, tenían esa emoción que sentíamos cuando íbamos al zoológico.

Para asegurarme, pregunté:

—¿Están felices de ver pronto a su tía Laura y a sus primos?

Las dos asintieron con entusiasmo.

Exhalé con alivio confiada que todo saldría bien. Nadie vería a mis hijas llorar. Al menos, todavía no.

Pasaron las horas. Desde nuestro lugar veía cómo los oficiales llamaban a una familia tras otra. Cada familia salía del edificio al terminar su proceso. Nunca supe hacia dónde.

Una parte de mí quería averiguarlo, pero ¿y si nos llamaban justo entonces?

De nuevo en el Abreu Fontán

Me quedé donde estaba.

Con el paso del tiempo, empecé a preocuparme por que el barco partiera sin nosotros.

Pero había algo más inmediato: mis hijas tenían hambre.

—Esperemos un poco más —les dije.

Dios mío. Si nos quedamos aquí mucho tiempo sin comida, van a llorar... pero de hambre.

Entonces recordé unas galletas en mi bolso, de la última vez que llevé a las niñas al Parque Santos Suárez.

Las saqué.

—Aquí. Compártanlas.

—¿Y tú y papi? —preguntó Julieta.

Miré a Antonio.

—No tenemos hambre.

Segundos después, mi estómago gruñó.

Finalmente escuché nuestro nombre. Por fin.

Gracias a la experiencia de Laura, llevaba nuestros documentos organizados en mi bolso. Cuando el funcionario los pidió, se los entregué de inmediato. Quizá con demasiado entusiasmo.

Me miró con expresión seria.

Supuse que cualquiera estaría igual después de pasar todo el día procesando papeles para personas que abandonaban el país. No tenía duda de que él también querría irse.

Y si tuviera un gato, hasta su gato querría irse.

Revisó primero mis documentos y los de las niñas. Luego tomó los de Antonio. Los miró. Lo miró a él y luego volvió a mirar los papeles. Finalmente los apartó.

—Usted y las niñas pueden irse —dijo—. Su esposo no.

Sentí que algo se cerraba en mi garganta.

—¿Cómo que no puede irse? Es el padre de las niñas. Tenemos que irnos juntos.

—No hay nada que pueda hacer. Debe quedarse.

—¿Escuchó lo que le dije?

—Berta —intervino Antonio con calma—. Me quedaré. Tú y las niñas deben irse.

Julieta empezó a llorar. No. Ahora no.

Pensé en Laura. En los doce años que pasó separada de Río. En su tristeza interminable.

Luego miré a Antonio. Si se quedaba atrás, la distancia lo destruiría. Yo tendría que ser fuerte por los dos.

Durante años Antonio había pensado que yo no lo amaba. Me había escuchado decirle, demasiadas veces, que me divorciaría de él.

Nunca discutía. Guardaba lo que pensaba para sí. Pero lo que hice entonces no dejó lugar a dudas.

Apoyé las manos sobre la mesa.

—Si mi esposo no puede irse, yo tampoco me voy.

—Berta, por favor —insistió Antonio—. Vete con las niñas.

Pero yo no iba a abandonar a mi esposo.

Pedí hablar con alguien a cargo. Un oficial regresó con otro de mayor rango.

—¿Por qué mi esposo no puede irse?

—Porque es un profesional. A los profesionales no se les permite salir del país.

En ese instante pensé en mi madre.

De nuevo en el Abreu Fontán

En 1968, cuando yo estaba en el último semestre de ingeniería en la CUJAE, me obligó a abandonar los estudios.

—No estás casada —me dijo—. Laura podría irse pronto. Si terminas la carrera, nunca podrás salir de este país.

Mi madre no tenía educación formal, pero era una mujer sabia.

Una oficial que había estado observando la escena se acercó.

—¿Estás segura de que quieres quedarte si tu esposo no puede irse?

—¿Ve alguna duda en mis palabras?

—Berta —dijo Antonio otra vez—. Te lo suplico. Vete.

—Antonio, deja de decirlo. No voy a cambiar de opinión.

La mujer uniformada alzó los ojos al cielo y luego miró a Antonio.

—Es usted un hombre muy afortunado. No tiene idea de cuántas madres han venido a este escritorio con recién nacidos y han tenido que elegir. Muchas dejaron a sus bebés aquí cuando no podían marcharse juntos.

Antonio me miró en silencio.

—¿Estás segura de lo que haces? —susurró—. Encontraré la forma de llegar a ti.

Miré fijamente a los funcionarios detrás del escritorio. Si las miradas pudieran matar, habrían caído fulminados. Tomé nuestros documentos.

—Nos llevamos nuestros documentos —dije—. Regresaremos a casa.

Capítulo 12

De vuelta a casa

Berta

No hablamos mucho en el autobús de regreso a casa. Yo no quería admitirlo, pero Antonio tenía razón: no debería haber regalado la comida.

Estábamos hambrientos.

Y ahora, ¿qué haríamos? ¿Dónde dormiríamos?

Cuando llegamos al barrio de Santos Suárez ya era de noche. Al menos, a esa hora había menos gente en la calle.

—Quédate aquí. Voy a casa de Carmen —le dije a Antonio.

Antonio y las niñas se sentaron en las escaleras que conducían al portal. Un vecino pasó frente a nosotros y nos miró con curiosidad.

—Buenas noches —le dije con naturalidad, como si nada hubiera ocurrido.

Me respondió con un gesto y siguió caminando.

Entonces avancé por el corto tramo que separaba nuestra casa de la de Carmen.

Después de tocar la puerta, las luces del portal se encendieron. Cuando Carmen abrió, pareció sorprendida de verme.

—Pensé que te ibas. ¿Qué pasó?

De vuelta a casa

Le conté lo sucedido mientras ella escuchaba con atención.

—Tu marido es muy afortunado de tenerte a su lado —concluyó.

Ojalá hubiera podido decirle lo que realmente pensaba. Ningún padre desesperado debería verse obligado a tomar una decisión así. ¿Quién era el gobierno para decirle a una familia quién podía irse y quién debía quedarse?

Respiré hondo.

—¿Me puede dar mis llaves? Estamos agotados.

—Tienes suerte de que todavía las tengo.

Caminó hacia la parte trasera de la casa y regresó unos momentos después con ellas.

Otra sorpresa. Tal vez, después de todo, había algo de humanidad en Carmen. Podría haber dicho que no las tenía, y yo le habría creído.

—Gracias —le dije.

Regresé a casa sin energías, sintiéndome como una pelota desinflada.

Cuando abrí la puerta, Antonio fue directamente a la nevera y la abrió.

—No tenemos nada que comer —dijo.

Sí, restriégamelo en la cara.

—Lo sé. Es culpa mía. Si no hubiera regalado nuestra comida, no estaríamos en esta situación.

—Eso no es lo que quise decir —respondió con suavidad—. Lo siento. Hay un poco de pan detrás del refrigerador, sobre las rejillas. Podríamos dividirlo entre nosotros.

Se quedó pensativo un momento.

De vuelta a casa

—A menos que... ¿crees que si vas a casa de los vecinos y les explicas lo que pasó, te devolverían la comida?

—¡No puedo hacer eso! Lo sabes. Además, probablemente ya se comieron lo que les dimos. Me gusta tu idea del pan. Fue lo único que no regalé.

Esa noche nuestra cena consistió en un pedazo de pan viejo que habíamos guardado sobre las rejillas del viejo Frigidaire. Las rejillas siempre estaban calientes y mantenían el pan ligeramente tostado. Habíamos aprendido que era la mejor manera de que durara.

Era una de tantas pequeñas estrategias de supervivencia que habíamos desarrollado. La revolución había convertido a Cuba en la isla de la invención.

Probablemente no era una buena idea comer pan que había estado expuesto a las cucarachas voladoras que entraban en nuestra casa todas las noches. Pero no teníamos más remedio que dejar las ventanas abiertas día y noche. De lo contrario, el calor se volvía insoportable, especialmente ahora que se acercaba el verano.

Después de cenar, llegó la hora de acostarse.

Las niñas decidieron dormir en nuestra habitación, a pesar de que ahora teníamos dos habitaciones vacías. Tal vez era su manera de sentirse normales, de engañarse a sí mismas, de sentir que las otras aún estaban ocupadas por Laura y sus hijos.

Cuando finalmente se quedaron dormidas, Antonio me rodeó la cintura con el brazo.

—Te amo —susurró.

De vuelta a casa

Rara vez nos decíamos esas palabras. Pero esa noche, más que nunca, ambos necesitábamos escucharlas.

—Yo también te amo —le respondí sin vacilar. En medio del cansancio, del hambre y de la incertidumbre, aquellas palabras eran lo único que teníamos.

Y en aquel momento fueron suficientes.

Capítulo 13

Regreso al colegio

Berta

El lunes, después de regresar del Abreu Fontán, llevé a Mónica a la escuela. Le expliqué a la directora que no habíamos podido salir del país.

Sentada detrás de su escritorio, la mujer regordeta me miró con aire de superioridad, como si ya hubiera oído la historia y no le impresionara en lo más mínimo.

—Pues no aceptaré que regrese.

—¡Debe permitírselo! —respondí—. Los niños tienen que asistir a la escuela. Solo tiene cinco años.

Se cruzó de brazos.

—Mi palabra es definitiva.

Mónica me miró confundida. Me incliné hacia ella.

—No te preocupes —le dije con suavidad—. Todo va a estar bien.

Tomé su mano y salimos de la escuela. Desde allí fuimos directamente al Departamento de Educación.

Le expliqué la situación a una representante y le mostré los documentos que me habían entregado en el edificio Abreu Fontán. La mujer observó a Mónica durante unos segundos.

Regreso al colegio

Mi hija siempre había sido una niña hermosa: cabello oscuro, piel clara y mejillas rosadas. ¿Quién podría querer hacerle daño a una niña así?

—Espere aquí —dijo la funcionaria.

Desapareció hacia la parte trasera de la oficina y regresó poco después con la aprobación que necesitaba.

No quería perder tiempo.

Esa misma tarde, después del almuerzo, regresé a la escuela y le mostré el documento a la directora. Lo miró con evidente disgusto.

—¡Bien! —exclamó finalmente—. Pero a su hija **no** se le permitirá almorzar en la escuela. Tendrá que irse a casa a la hora del almuerzo.

Mónica observaba nuestro intercambio con los ojos muy abiertos.

La directora sabía exactamente lo que estaba haciendo.

—Muy bien —respondí—. Llevaré a mi hija a casa a almorzar todos los días.

Aquella fue la primera señal. Después de intentar abandonar el país, habíamos dejado de ser ciudadanos normales y nos habíamos convertido en personas marcadas.

Y ese era solo el comienzo.

Capítulo 14

¿Y ahora qué?

Berta

A medida que pasaban las semanas, Julieta seguía perdiendo el cabello. No sabía qué hacer. Cuando los vecinos la veían por la calle, me preguntaban en voz baja si tenía cáncer. Las preguntas se repitieron tantas veces que ella comenzó a impacientarse. Finalmente, cada vez que salíamos, se cubría la cabeza con la pañoleta roja que había sido de Tania, como si aquel símbolo que tanto rechazábamos pudiera servirle de escudo.

En casa, Antonio y yo pasábamos largos ratos sentados uno frente al otro sin saber qué decirnos. El silencio se había instalado entre nosotros.

Por las noches encendíamos el viejo televisor en blanco y negro y veíamos alguno de los programas autorizados por el gobierno en los dos únicos canales disponibles, el dos o el seis. A veces transmitían viejas películas estadounidenses, también en blanco y negro, como fantasmas de un mundo al que anhelábamos pertenecer.

Poco a poco fui utilizando el dinero que teníamos escondido para comprar alimentos en el mercado negro. Por suerte, durante la "inspección" de los oficiales no habían encontrado nuestros ahorros. Solo se llevaron la afeitadora eléctrica de

¿Y ahora qué?

Antonio. Reemplazarla era imposible; su hermana la había enviado desde el extranjero.

Antonio volvió entonces a las viejas cuchillas de afeitar. Varias veces por semana aparecía con nuevas cortaduras en el rostro, pequeñas heridas que parecían reflejar su estado interior.

Sabía que el dinero no duraría mucho. Pero la desesperación es la madre de la invención... y a veces, de ideas absurdas.

—Deberíamos intentar algo diferente —le dije una noche—. He oído que están permitiendo que homosexuales y lesbianas salgan del país.

Antonio me miró fijamente.

—No estarás sugiriendo...

—¿Por qué no? Podemos mentir si eso nos da libertad.

—Eso no lo haré.

—Entonces lo haré yo por los dos —respondí.

Fui a la estación de policía y declaré, con la mayor seriedad posible, que yo era lesbiana, que mi esposo era homosexual y que seguíamos casados solo por las apariencias.

El oficial me miró con evidente irritación.

—No venga a hacerme perder el tiempo. Sé exactamente lo que intenta. Váyase antes de que la arreste por mentirle a la policía.

Salí de allí con la humillación ardiéndome en el rostro. Otra idea brillante que fracasaba.

Ahora, más que nunca, necesitábamos encontrar cómo sobrevivir. Y también debía hacer algo por la salud de Julieta. Conseguimos una cita con un psicólogo en el Hospital Calixto García.

El médico habló primero a solas con mi hija, y luego con nosotros.

¿Y ahora qué?

—La niña necesita salir de la casa —concluyó—. Necesita estímulos. El encierro y la partida de su tía la han afectado profundamente.

—¿A dónde podemos llevarla? —pregunté—. Apenas tenemos dinero.

—Al parque. A visitar familiares. A cualquier lugar donde pueda distraerse.

Familiares...

Dudé. Algunos vecinos ya nos habían advertido que no querían asociarse con "gusanos". Así nos llamaban ahora.

¿Debía exponer también a mi familia?

Pero no teníamos alternativa. La salud mental de Julieta estaba en juego.

—Además —añadió el psicólogo—, su hija es excepcionalmente inteligente. Le haré una recomendación para que comience el preescolar antes de tiempo. Estar con otros niños puede ayudarla.

Le agradecí. Fue reconfortante hablar con alguien que no nos juzgara por querer irnos.

Pero la directora de la escuela no mostró la misma compasión.

—No permitiré que tu hija entre aquí a los cuatro años —dijo con frialdad—. Provienes de una familia de traidores.

—No somos traidores.

—Tu hermana vive en Estados Unidos, ¿verdad?

Respiré hondo. Discutir era inútil. Pensé en acudir nuevamente al Departamento de Educación, pero temí que el informe del psicólogo, en el que se mencionaba la partida de Laura como detonante del problema de Julieta, empeorara nuestra situación.

¿Y ahora qué?

Así que comenzamos a planear salidas todos los fines de semana, aunque el miedo nos acompañara. Camiones llenos de matones recorrían los barrios en busca de quienes querían irse del país. Los arrastraban a la calle, los insultaban, los golpeaban. Vivíamos con esa sombra sobre nuestras cabezas.

También necesitábamos ingresos.

Recordé que Laura había dejado tela en casa de Mirta. Yo aún conservaba la vieja máquina de coser de mi madre. Si retomaba la costura, podría ganar algo de dinero. Mamá me había enseñado bien, aunque hacía años que no practicaba.

Camino a casa de Mirta, vi a un hombre mayor vendiendo guayabas en un puesto estatal. Eran enormes, del tamaño de mis puños. Pedí cinco.

El hombre examinó mi tarjeta de abastecimiento.

—No puedo vendérselas. No vive en esta zona.

Julieta estaba a mi lado, con la cabeza cubierta por la pañoleta roja. La miré, y sin que tuviera que pedírselo, se la quitó lentamente y miró al vendedor con ojos tristes.

—¿Ve a mi hija? Está enferma. Estas guayabas pueden ayudarla. Si tiene hijos, sabe lo que significa.

El hombre la observó con compasión.

—Lo siento... No sabía que tenía cáncer. ¿Seis guayabas serán suficientes?

—Más que suficientes —respondí.

Mientras él las colocaba en un cartucho de papel, Julieta volvió a cubrirse la cabeza.

Aquellas seis guayabas bastarían para preparar una olla grande de mermelada.

¿Y ahora qué?

Ahora necesitaba azúcar.

En casa de Mirta, sus hijas preguntaron por Tania y Lynette.

—No van a regresar, ¿verdad? —dijo la mayor.

—No, cariño.

La niña bajó la mirada.

—Todo el mundo se está yendo. Si todos se van, ¿quién cambiará las cosas?

Mirta les lanzó una mirada incómoda.

—Vayan a hacer la tarea —les ordenó.

Me entregó la tela y me vendió media libra de azúcar. No hablamos de política. No era prudente.

Julieta y yo regresamos a casa con la tela bajo el brazo, las guayabas en una bolsa y la sensación de que, en aquel país, incluso comprar fruta requería ingenio, actuación... y una cuota de mentira.

Capítulo 15

Mermelada de guayaba

Berta

Regresé de casa de Mirta con las guayabas, la media libra de azúcar y la tela que había ido a recoger. Fue, sin duda, un viaje productivo. Después de tomar dos autobuses repletos de cuerpos sudorosos bajo el calor pegajoso de la tarde y caminar varias cuadras más, llegué agotada. Por suerte, Antonio ya había recogido a Mónica de la escuela y tenía la cena lista: arroz blanco con huevos. Antonio no era un gran cocinero; en realidad, eso era lo único que sabía preparar. Si al menos hubiéramos tenido unos plátanos fritos o una rodaja de aguacate... Pero el arroz con huevos era un lujo comparado con el pan duro o el agua con azúcar que tantas veces sustituían una comida en la isla.

A la mañana siguiente me levanté temprano. Pelé las guayabas, les quité las semillas y puse a hervir la pulpa con azúcar y una pizca de sal. A medida que la mezcla se espesaba, el aroma dulce y penetrante comenzó a llenar la casa y a escaparse por las ventanas abiertas, como si anunciara que, a pesar de todo, aún éramos capaces de crear algo bueno.

Mermelada de guayaba

Esperé a que enfriara un poco y vertí la mermelada espesa y rojiza en frascos de vidrio.

Justo cuando terminaba, alguien llamó a la puerta.

—¡Hola! ¿Están aquí?

Reconocí la voz de inmediato.

Era Isolina, practicante de santería, vestida de blanco impecable. Su esposo era conocido en el barrio por hacer trabajos de brujería contra vecinos que no eran de su agrado. En La Habana, la santería formaba parte del paisaje espiritual: una mezcla de tradición yoruba y catolicismo, de *orishas* y santos, de fe y temor.

Abrí la puerta con una sonrisa cautelosa. Yo no creía en esas cosas, pero tampoco pensaba darle motivos para que conspiraran en mi contra.

—¿Qué es ese olor tan rico? —preguntó, aspirando profundamente.

—Mermelada de guayaba.

Sus ojos brillaron.

—Daría lo que fuera por un poco. ¿Me vendes un frasco?

No había pensado en el precio, pero dos pesos me parecieron justos.

—Dos pesos. Te presto el frasco, pero necesito que me lo devuelvas.

—¡Me llevo uno! —respondió sin dudar.

Así comenzó mi pequeño negocio.

No podía creer que hubiera vendido el primer frasco sin siquiera salir de casa. Y aprendí algo importante: a la gente no le importaba que yo quisiera irme del país si tenía algo que ofrecerles. La ideología cedía ante el estómago.

La mermelada era un pequeño milagro.

Mermelada de guayaba

Isolina regresó por más. La noticia se regó por el barrio con rapidez. Para evitar problemas, le regalé un frasco a la presidenta del CDR. No quería preguntas incómodas ni denuncias por actividad ilegal. Ese era el impuesto silencioso de la supervivencia.

Pronto necesité más guayabas y más azúcar. Las conseguí en Párraga, donde vivía la hermana de Antonio. A veces intercambiaba mermelada por azúcar; otras, por arroz, frijoles o pollo.

Mi mermelada se convirtió en moneda.

En un país quebrado, el trueque era la verdadera economía.

Antonio y yo pasábamos horas cocinando para garantizar la comida de la semana. La tela que había traído de casa de Mirta quedó a un lado. La costura tendría que esperar; ahora el fuego y la olla eran mi sustento.

Al menos podíamos quedarnos en casa y alimentar a nuestras hijas.

Los fines de semana las llevábamos a lugares donde nadie nos conociera: el zoológico, la playa, Coppelia o el Parque Lenin. Me dolía llevarlas a un parque que llevaba el nombre del revolucionario ruso, pero allí vendían las "africanas", aquellas barritas dulces cubiertas de chocolate que las niñas adoraban.

Por unas horas, podían ser simplemente niñas.

También visitábamos a la hermana de Antonio en Párraga. Nos recibía con abrazos y besos, y siempre insistía en cocinar.

—Con la libreta no alcanza para nadie —le dije una vez.

—Yo resuelvo en el mercado negro —respondió con naturalidad—. No se preocupen.

A ella no le molestaba que quisiéramos irnos. No tenía intención de abandonar la casa que sus padres habían construido con sus propias manos. Tal vez quedarse era su forma de proteger ese legado.

Mientras tanto, Sara, la hermana mayor de Antonio desde Estados Unidos, seguía moviendo cielo y tierra para conseguir nuestras visas.

Durante un tiempo, la vida pareció estabilizarse. Habíamos hecho limonada con limones.

Pero a veces, al regresar de Párraga con más guayabas y azúcar, encontrábamos un huevo podrido estrellado contra la fachada de la casa.

Yo asumía que era obra de algún comunista resentido, alguien que no podía comprar mi mermelada y envidiaba que mi hermana ahora estuviera en Estados Unidos. No le di importancia, aunque tal vez debí hacerlo.

Me negué a permitir que aquellos actos mezquinos nos arrebataran nuestra pequeña felicidad. No sabía que aquello era apenas una advertencia.

Todo cambió el día en que un funcionario del Departamento del Trabajo apareció en nuestra puerta para preguntar por qué Antonio no trabajaba. Le exigió que consiguiera empleo de inmediato.

Antonio se ofreció a regresar a su puesto de ingeniero, pero eso no era lo que el funcionario tenía en mente.

En Cuba, un ingeniero que había intentado abandonar el país ya no era un ingeniero.

Era un hombre marcado.

Mermelada de guayaba

La vida de mi esposo estaba a punto de volverse mucho más difícil.
Y la nuestra también.

Capítulo 16

¿Algún traidor aquí?

Berta

Estaba Estaba sola en casa con Julieta cuando llegó el camión.

Lo vi detenerse al otro lado de la calle y, cuando distinguí a los hombres bajarse armados con palos y bates, supe de inmediato a qué venían.

Dios mío... que Carmen no les haya hablado de nosotros.

Corrí a cerrar las dos ventanas delanteras. Las manos me temblaban.

—¡Vete a tu cuarto, Julieta! Y no salgas hasta que yo te lo diga.

En el instante en que pronuncié esas palabras comprendí mi error. Mi voz había delatado mi pánico. Julieta lo vio en mis ojos antes de que pudiera disimularlo. Sus labios comenzaron a temblar y sus ojos se llenaron de lágrimas.

—¡Tengo miedo, Mami!

La abracé con fuerza.

—Ay, mi amor... no tengas miedo. Mami no va a permitir que te pase nada. Pero necesito que seas valiente, ¿sí? Ve al cuarto y quédate allí muy calladita.

Su cuerpo estaba rígido contra el mío. Intenté relajar mi expresión, suavizar la voz, aunque tenía un nudo en la garganta y el corazón me golpeaba el pecho con violencia.

—Todo va a estar bien. Te quiero mucho.

—Yo también te quiero, Mami.

La llevé de la mano hasta nuestro dormitorio. La senté en la cama y la abracé un momento más. Estaba tan delgadita que parecía desvanecerse entre mis brazos.

—¿Quieres que tu muñeca se quede contigo? Asintió.

Recogí la muñeca sin brazos del rincón donde la había dejado y la acomodé a su lado.

—Aquí está. Volveré pronto. Quédate muy calladita, ¿de acuerdo?

Asintió otra vez.

Me llevé la mano a la boca y le lancé un beso antes de cerrar la puerta.

Las palmas me sudaban mientras caminaba hacia la ventana del antiguo cuarto de Laura. Sentía que cada paso retumbaba en el piso.

Ay, Dios, no permitas que vengan aquí.

Levanté apenas las persianas. El camión seguía estacionado, pero estaba vacío.

Entonces escuché voces provenientes del lateral de la casa. El edificio contiguo tenía un pasillo que daba a nuestras ventanas, y desde allí se oía todo con claridad.

Me acerqué de puntillas.

Reconocí la voz de Isolina.

—¿Quiénes eran todos esos hombres en el camión?

—Vienen a hacer un acto de repudio —respondió un hombre cuya voz no reconocía—. Están buscando traidores. Gente que quiere irse del país.

¿Algún traidor aquí?

Sentí que el estómago se me hundía.

—He oído que los sacan de las casas y los golpean —continuó el hombre.

—¿No crees que eso sea demasiado? —preguntó Isolina.

—No sé qué decirte...

—Los vi bajarse del camión. ¿A dónde fueron?

—Creo que a casa de Carmen.

El nombre cayó sobre mí como un disparo.

—Bueno, yo no tengo planes de irme —dijo Isolina—. No tengo familia afuera. Pero por si acaso, mejor me meto en mi casa. No quiero que se confundan.

Escuché sus pasos alejarse.

Me cubrí la boca con la mano mientras el terror me atravesaba el cuerpo. Dios mío... protégelos. Protégeme a mí y a mis hijas.

Cada segundo se estiraba como una eternidad. No podía hacer ruido. No podía asomarme. No podía respirar demasiado fuerte.

Carmen no podía hacernos eso. Ella no era capaz... ¿O sí?

Después de lo que me parecieron horas, escuché el motor del camión. Los hombres comenzaron a subir de nuevo por la parte trasera.

Contuve la respiración. El camión arrancó y pensé que tal vez se iba. Pero ¿y si algunos se quedaban atrás? ¿Y si regresaban?

Esperé varios minutos más, inmóvil, hasta que el silencio volvió a instalarse en la calle. Entonces fui al dormitorio.

Encontré a Julieta en posición fetal, abrazada a su muñeca sin brazos, los ojos abiertos de par en par.

¿Algún traidor aquí?

—Ya pasó, mi amor —le susurré—. ¿Ves? Te dije que Mami no iba a permitir que te pasara nada.

—Tenía mucho miedo...

—Lo sé. Pero ya todo está bien. Siempre estaré contigo.

Me quedé a su lado contándole un cuento improvisado, aunque por dentro mi voz aún temblaba. Permanecimos allí más de una hora, hasta que la normalidad fingida empezó a sentirse real.

Casi era hora de recoger a Mónica.

Tomé mi bolso y abrí la puerta principal con cuidado. Julieta salió conmigo al portal.

La calle estaba tranquila, como si nada hubiera ocurrido. Bajé los pocos escalones hasta la acera. Estábamos a salvo. Al menos por ahora.

Mientras caminaba hacia la escuela, pensaba en Carmen. Tal vez le debía una visita. Tal vez le debía algo más que un simple agradecimiento.

No estaba segura... pero aquella mañana sentí que le debía la vida.

Años después comprendí algo que entonces no podía saber: en aquellos días, en Cuba, la diferencia entre sobrevivir y convertirse en víctima de un acto de repudio a veces dependía de una sola persona... y de una sola decisión.

Aquella mañana, esa persona había sido Carmen.

Capítulo 17

Mi nuevo trabajo

Antonio

Era el año 1980, apenas tres meses después de que Laura y sus hijos se marcharan. Después de haber trabajado tan duro toda mi vida para convertirme en ingeniero, terminé así: recogiendo basura en el Parque Santos Suárez y por las calles del barrio, cortando maleza con un machete bajo el sol inclemente. Para colmo, me pagaban apenas un tercio de lo que antes ganaba.

Ese era mi castigo.

El gobierno no me permitía salir del país porque era un "profesional necesario", un ingeniero formado por la Revolución. Sin embargo, tampoco tenía intención de emplearme como tal. Me retenían no por utilidad, sino por control.

Más de 120.000 personas habían salido de Cuba en cuestión de semanas durante el llamado Éxodo del Mariel. Las calles quedaron llenas de basura, de desorden, de abandono. Alguien tenía que limpiarlas. ¿Y quién mejor que los "traidores" que querían irse?

Pero yo no estaba hecho para ese trabajo físico. No después de haber pasado la mayor parte de

Mi nuevo trabajo

mi vida inclinado sobre libros de ingeniería, resolviendo problemas con fórmulas, no con machetes.

Aun así, tenía que hacerlo. Por Berta. Por mis hijas.

Mis padres ya eran mayores cuando nací. Mis hermanas, Sara y Dulce, me llevaban dieciséis y dieciocho años. Desde pequeño fui el consentido. Sara me empujaba a estudiar, a superarme; Dulce asumió el papel de protectora.

Yo era alto y delgado como un palillo. De piel clara, me quemaba con facilidad bajo el sol cubano. Sara siempre decía que no estaba hecho para trabajos duros, que mi destino estaba en la cabeza, no en las manos.

Al ser el único varón y el menor durante tantos años, mis hermanas me trataron casi como a un hijo. Dulce, especialmente, no permitía que nadie me tocara.

Me consolaba pensar que mis padres ya no vivían. No tendrían que verme convertido en esto: un ingeniero empuñando un machete para cortar maleza como si fuera un improvisado campesino urbano.

Dulce quería presentar una queja ante el gobierno. Le dije que era inútil. Berta también había hablado con quien pudo, buscando ayuda. No sirvió de nada. Este era mi nuevo destino, al menos por ahora.

El primer día que salí de casa con el machete en la mano, Julieta me miró con sus ojos grandes y me preguntó:

—¿Eres machetero, Papi?

Los macheteros eran los hombres que cortaban caña en los campos.

Mi nuevo trabajo

Sentí algo quebrarse dentro de mí.

—No, Julieta. No lo soy.

No pude explicarle más. ¿Cómo decirle que su padre, ingeniero, estaba siendo castigado por querer la libertad?

Era absurdo cortar la maleza del parque con un machete, cuando en otros países existían máquinas para hacerlo en cuestión de minutos. Sara me había contado que en Estados Unidos usaban un aparato de gasolina llamado "weedeater", un devorador de maleza. Sonaba casi futurista en comparación con la herramienta que yo llevaba al hombro.

Mientras trabajaba bajo el sol, el sudor empapándome la camisa y las manos llenas de ampollas, mi mente escapaba al pasado, a los años en que mis padres aún vivían y yo creía que el estudio y el esfuerzo garantizaban la dignidad.

Nunca imaginé que la verdadera prueba no sería la universidad ni los exámenes, sino aprender a mantener la cabeza en alto mientras intentaban quebrarme.

.

Capítulo 18

La familia de Antonio

Antonio

$M$is padres eran gente sencilla.

Habían nacido en Toiriz, un pequeño pueblo gallego situado a unos treinta y cinco kilómetros de Santiago de Compostela. Siempre hablaban con orgullo de su cercanía a aquella ciudad sagrada, a cuya catedral peregrinaban personas de todo el mundo. Decían que estaba construida sobre la tumba del apóstol Santiago, quien, según la tradición, llevó el cristianismo a la Península Ibérica. Aquella historia formaba parte de su identidad, de su fe y de su resistencia.

Mi madre llegó a Cuba en 1918, con veintiún años recién cumplidos y el eco de la Primera Guerra Mundial aún resonando en Europa. Vino acompañada de su hermano, pero él pronto decidió que la isla no era para él y emigró a Argentina. Mi madre, en cambio, se quedó sola.

Comenzó a trabajar en La Beneficencia de La Habana, un enorme edificio que albergaba y educaba a huérfanos. Muchas madres solteras dejaban allí a sus recién nacidos en una caja de depósito colocada en la pared exterior; tocaban una campana y se marchaban sin mirar atrás. En aquellos tiempos, la maternidad fuera del matrimonio era un escándalo social, y algunas mujeres preferían entregar a sus hijos antes que exponer a sus familias a la vergüenza. Mi madre cuidaba de esos niños abandonados. Sin saberlo, se estaba preparando para formar la suya.

A comienzos de la década de 1920, tras casarse con mi padre, dejó aquel trabajo. Mi padre era carpintero. Con sus ahorros compró un terreno en Párraga, al sur de La Habana, en el municipio de Arroyo Naranjo, un barrio semirrural de clase trabajadora, rodeado de palmas reales y vegetación tropical. Allí construyó una casa de madera para su familia.

Fueron años de trabajo duro y de felicidad sencilla, criando a mis hermanas... hasta que llegó el huracán.

No tenían radio. Pocos vecinos la tenían. No supieron que la tormenta se acercaba hasta que ya estaba encima de ellos. El 20 de octubre de 1926, el ciclón que luego sería conocido como "El Ciclón del 26" azotó La Habana con vientos que se cree alcanzaron los 250 kilómetros por hora. Durante más de diez horas, la ciudad fue castigada sin tregua.

Nuestra casa no resistió. El viento arrancó el techo y una puerta. Mis padres tomaron a sus hijas pequeñas en brazos y corrieron bajo la lluvia furiosa hasta la casa de un vecino. Desde ese día, las tormentas les produjeron un miedo profundo.

—Te construiré una casa que ninguna tormenta pueda destruir —le prometió mi padre a mi madre.

Le tomó años ahorrar lo suficiente para comprar otro terreno, a una cuadra del primero. Mientras tanto, fue reparando la vieja casa poco a poco.

La familia de Antonio

Allí nací yo, en 1942. Era el tercer hijo vivo; el cuarto, si contamos al hermano que murió al nacer, gemelo de una de mis hermanas.

Con un nuevo bebé en la familia, mi padre aceleró la construcción de la casa prometida. Contrató albañiles para lo que él no sabía hacer, pero supervisó cada detalle. Usó los materiales más resistentes que pudo conseguir. Estaba decidido a cumplir su palabra.

En 1944, cuando la casa de ladrillo aún tenía los pisos sin terminar, decidieron mudarse. La gente del barrio robaba materiales de construcción. Poco a poco fueron completando los acabados mientras mis hermanas me cuidaban.

Cuando finalmente terminaron la casa de dos plantas, mis padres estaban orgullosos. Sin saberlo, nos habían dejado más que paredes sólidas: nos habían legado su resiliencia y una ética de trabajo inquebrantable.

Mi infancia fue feliz. No éramos ricos, pero nunca nos acostábamos con hambre. Si necesitaba un pantalón nuevo, mis padres ahorraban durante semanas para comprarlo. Yo sabía que no podía pedir más. Eso me enseñó a vivir dentro de mis posibilidades.

Me encantaba trepar a los árboles de mango. Desde arriba veía todo el barrio y me sentía invisible, como si tuviera un superpoder. Allí nadie podía alcanzarme.

No era un niño problemático, pero una vez, a los siete años, uno de los muchachos mayores me dio una piedra y me retó a lanzarla contra un carro de policía. Carlos Prío Socarrás estaba en el poder entonces. Yo no entendía nada de política; solo quería impresionar a los mayores. Tiré la piedra. Los policías detuvieron el auto y salieron con las armas desenfundadas. Me persiguieron hasta alcanzarme. Yo estaba rojo, aterrorizado. Algunos vecinos intervinieron.

—¡Tiene siete años! Solo es una travesura.

Tras prometer que no lo haría de nuevo, me dejaron ir. Fue el único día de mi vida en que hice algo realmente malo.

Mis padres pagaron una pequeña escuela privada dirigida por una mujer que aspiraba a ser maestra. Con su ayuda y la de mis hermanas, adelanté varios grados. A los once años quería aprender un oficio para ganarme la vida pronto, pero para ingresar a la Escuela de Comercio debía tener quince años.

Descubrí que podía saltar el séptimo y el octavo si aprobaba el examen de ingreso al Instituto de La Víbora. Cuando lo intenté por primera vez, a los trece años, me enfrenté a una realidad dolorosa: desconocía las fracciones, los decimales y gran parte de la geografía mundial. Fracasé.

Una maestra jubilada, vecina nuestra, me habló de un libro que podía prepararme. Tenía tres meses para estudiar todo lo que nunca me habían enseñado. Trabajé día y noche. Cuanto más aprendía, más hambre de conocimiento sentía. Descubrí que el Nilo era más largo que el río Cauto, que el mundo era mucho más grande que Cuba.

En septiembre de 1955 aprobé el examen y entré en noveno grado.

En 1957, mi hermana Sara emigró a Estados Unidos. Dieciocho años mayor que yo, intuía lo que se avecinaba. Batista había tomado el poder en 1952, y la corrupción alimentaba el avance de los revolucionarios liderados por Fidel Castro.

La noche del 31 de diciembre de 1958, mientras muchos celebraban el fin de año, Batista huyó del país. Yo ya había comenzado ingeniería eléctrica en la Universidad de La Habana. Pensé que el nuevo gobierno no duraría. Me equivoqué.

Castro consolidó rápidamente su poder. Cerró escuelas religiosas, confiscó propiedades, controló la prensa y encarceló a opositores. En 1964 se inauguró la CUJAE y los estudiantes de ingeniería fuimos trasladados allí. Me gradué en 1966.

Como parte de la primera promoción, nos llevaron a la Sierra Maestra para conocer a Fidel y Raúl Castro. Allí estaban, con sus uniformes verde olivo, felicitándonos.

Yo escuchaba, pero por dentro sentía otra cosa. Me enfermaba estar frente a un hombre que en 1961 se había declarado comunista y había traicionado promesas fundamentales. Mientras hablaba de logros revolucionarios, yo pensaba en lo que no decía: en las propiedades confiscadas, en las libertades suprimidas, en el futuro incierto que ya comenzaba a vislumbrarse.

No imaginaba entonces que, años más tarde, aquel mismo sistema me obligaría a cambiar los libros de ingeniería por un machete.

Capítulo 19

Los primeros años

Berta

Mi hermana Laura creía firmemente en el destino. Yo no. Siempre pensé que lo mío con Antonio había sido una coincidencia más, uno de esos encuentros que simplemente ocurren. Pero con los años empecé a preguntarme si estaba equivocada. ¿Y si Laura tenía razón? ¿Y si nuestras vidas ya estaban entrelazadas antes de que nos conociéramos?

En 1963 terminé mis estudios en la Escuela de Comercio y me gradué como contadora. Debería haberme sentido satisfecha, pero no lo estaba. Había en mí una inquietud constante, una sensación de que aún no había encontrado mi lugar.

Por eso, años después, decidí estudiar arquitectura en la Universidad José Antonio Echevarría (CUJAE). A veces todavía me asombra pensarlo: yo, que no aprendí a leer hasta los ocho años, sentada en una universidad. No fue fácil. Nunca lo fue. Pero tenía determinación. Y quizás también algo que me demuestre a mí misma.

A veces me pregunto: si no hubiera tomado esa decisión, ¿habría conocido a Antonio?

Nos vimos por primera vez en 1966, en el Salón de Proyectos de la CUJAE, en la avenida Rancho Boyeros, frente a la heladería Coppelia. Para mí fue

76

Los primeros años

un encuentro más. Para él, no. Meses después me confesó que se había enamorado desde ese instante—nunca entendí cómo. Laura decía que era porque yo tenía un rostro bonito. Yo nunca me vi así. De niña había perdido el cabello por la difteria, y aunque para entonces mi melena oscura me llegaba a los hombros, nunca aprendí a verme de esa manera. Tal vez uno nunca se ve como lo ven los demás.

Mi rutina estaba marcada por responsabilidades. Trabajaba hasta la una de la tarde y, aunque mis clases comenzaban a las tres, mi madre insistía en que regresara a casa a almorzar. Tenía veintisiete años, pero mientras viviera bajo su techo, obedecía. Era, simplemente, la forma en que habíamos aprendido a vivir.

Un día, Antonio me vio en el pasillo de la universidad y me propuso salir. Ambos teníamos pareja.

—Eso se resuelve fácilmente —dijo—. Rompes con tu novio, yo con mi novia, y salimos juntos. ¿Ves qué simple?

Me hizo reír.

—No vamos a hacer eso —le respondí.

—Entonces seamos amigos. Hasta que logre convencerte.

Acepté. En ese momento no parecía peligroso.

Mientras tanto, la vida seguía su curso. Laura ya tenía su familia, sus hijos pequeños, sus preocupaciones. Y el país también cambiaba, aunque no siempre de forma evidente.

A finales de ese año, mi madre me pidió que dejara la universidad.

Los primeros años

—Llegará el día en que no dejarán irse a los profesionales —me dijo—. Debes salir antes de graduarte.

No entendí del todo sus palabras, pero confié en ella. Siempre lo hice. Con el tiempo comprendí cuánta razón tenía.

Vinieron entonces años difíciles: la situación de Río en España, la angustia de Laura, las cartas que escribí a desconocidos pidiendo ayuda. Algunos respondieron. No era mucho, pero sí suficiente para seguir adelante.

Después llegó la enfermedad de mi madre. El hospital. La incertidumbre. Yo me sentía atrapada: joven, soltera, con responsabilidades que no podía eludir. Necesitaba respirar.

Fue entonces cuando volví a llamar a Antonio.

—Me alegra que hayas llamado en el momento perfecto —me dijo—. ¿Te llevo al cine y te cuento todo?

Ya ninguno de los dos tenía pareja. Acepté.

Mi madre insistió en que llevara una chaperona. Mis amigas se burlaron, pero no conocían su historia. No entendían que su protección nacía del dolor, de lo que había vivido.

Ella quería que yo fuera independiente. Que no dependiera de nadie. Que no repitiera su historia.

Antonio me pidió matrimonio poco después. Planeábamos casarnos en diciembre de 1969.

Pero mi madre murió el 11 de octubre, víctima de un derrame cerebral. Tenía cincuenta y ocho años.

Los primeros años

Aplazamos la boda. No solo por respeto, sino también porque aún no sabía cómo seguir adelante sin ella.

Finalmente nos casamos en abril de 1970, en dos ceremonias: una religiosa y otra civil. Cuando le pedí a Antonio que se mudara con nosotros —con tres niños pequeños y un padre enfermo— aceptó sin dudar.

Esa decisión me reveló quién era realmente.

Y fue entonces cuando volví a pensar en lo que decía Laura. Tal vez algunas cosas no son coincidencias.

Capítulo 20

Trabajo forzado

Antonio

Después de graduarme como ingeniero en 1966, quise irme del país. No estaba dispuesto a vivir bajo un gobierno que ya se proclamaba comunista.

Pero antes de poder iniciar cualquier trámite, tuve que esperar hasta septiembre de 1969, cuando cumplí veintisiete años. Según las normas del servicio militar obligatorio, a los hombres de quince a veintisiete años se les prohibía salir de la isla.

La muerte de la madre de mi esposa, Berta, y el aplazamiento de nuestra boda retrasaron mi renuncia hasta febrero de 1970, apenas dos meses antes de casarnos.

Renunciar —y obtener la aceptación formal de esa renuncia— era un requisito indispensable para solicitar el permiso de salida. Presenté mi carta.

Pero nunca la aceptaron.

Y, como si el país hubiera estado esperando el momento exacto para cerrarnos la puerta, el 31 de mayo de 1970 —poco más de un mes después de mi boda con Berta— Fidel Castro anunció que nadie más podría abandonar la isla.

Lo que siguió fue peor que un simple "no".

Trabajo forzado

Aunque mi renuncia no había sido aceptada, tampoco me permitieron regresar a mi puesto. Me dejaron atrapado en un limbo: sin salida, sin trabajo, sin rumbo. El 13 de marzo de 1971 me presenté en el Departamento de Trabajo. Había escuchado que asignarían empleos a quienes estuvieran desempleados. La única opción que me ofrecieron fue trabajar en la agricultura en Melena del Sur, al sur de La Habana. No era una propuesta: era una orden. Si me negaba, corría el riesgo de ir preso bajo la Ley de Peligrosidad.

Según esa ley, quien no trabajaba podía "caer" en actividades ilegales. En un país donde el Estado controlaba todos los empleos, la falta de trabajo equivalía a sospecha automática. No importaba si alguien en el extranjero ayudaba a la familia, ni si la persona estaba en trámites, ni si el desempleo era consecuencia directa del gobierno. La culpa se asumía sin necesidad de prueba.

Así que acepté.

Nos subieron a un grupo de hombres en la parte trasera de un camión y nos llevaron campo adentro, a un campamento perdido a dos horas de mi casa. Dormíamos al aire libre, bajo una estructura improvisada con techo, pero sin paredes. Por la noche, los mosquitos nos devoraban. Para bañarnos usábamos el agua de una tubería... sin privacidad, sin pudor, sin dignidad.

Al principio trabajábamos de siete de la mañana a seis de la tarde, de lunes a domingo. Nos imponían metas casi imposibles. Si no las alcanzábamos, no cobrábamos ese día. Era una forma de esclavitud moderna. Durante los doce meses que estuve allí, gané alrededor de treinta pesos al mes, una miseria comparada con los trescientos que ganaba como ingeniero.

El desayuno consistía en chocolate caliente con un pedazo de pan. El almuerzo y la cena, una sopa aguada, sin sabor, hecha con papas y algunas verduras... pero sin carne. Y como el campamento estaba aislado, ni siquiera podíamos salir a buscar comida. Había que conformarse.

En aquel lugar convivíamos, sobre todo, tres grupos: homosexuales, exconvictos y hombres como yo, que queríamos salir del país.

Entre los exconvictos había un joven negro, alto, con un tatuaje enorme de Santa Bárbara que le cubría toda la espalda. En esa época, casi nadie llevaba tatuajes; y quien los llevaba despertaba desconfianza. Aquel hombre, que había conocido la cárcel, miró una vez la sopa rala que nos servían y dijo algo que nunca olvidé:

—La comida de aquí es peor que la que nos daban en el presidio.

Fue entonces cuando comprendí, con una claridad brutal, que nos trataban peor que a los criminales.

Rara vez podíamos regresar a casa. Después de las primeras semanas nos dieron los domingos libres, pero estábamos tan agotados que a veces preferíamos quedarnos allí. Para llegar a Santos Suárez, donde vivíamos, tenía que levantarme a las dos de la madrugada, caminar dos millas hasta la carretera principal, esperar el ómnibus 59 hasta el Paradero de La Víbora y luego tomar el 37. Solo pensar en esa travesía, en un solo día libre, bastaba para rendirme. Necesitaba ese día para dormir... para respirar... para reunir fuerzas para la semana siguiente.

Bajé tanto de peso que parecía haber salido de un campo de concentración. Al final era casi todo hueso, piel y ojos.

Tras doce meses en aquellas condiciones, la suerte —o tal vez la casualidad— se asomó por una rendija.

En Güines, un pueblo cercano, una empresa estatal, la Empresa Agropecuaria de Güines, estaba creando un departamento de construcción y necesitaba mano de obra. Entre nosotros había ingenieros, obreros, pintores, arquitectos. La empresa habló con el Departamento del Trabajo y solicitó contratarnos. Si aceptábamos, saldríamos del campo.

Aceptamos.

Ese trabajo era mucho menos cruel. Y, sobre todo, podía volver a casa cada día. Me pagaban alrededor de ciento veinte pesos mensuales por cuarenta y cuatro horas semanales. No era lo mío, no era mi profesión... pero era vida. También tenía derecho a vacaciones. Eso nos permitió a Berta y a mí hacer un viaje corto a Santa Clara para celebrar nuestro segundo aniversario.

Santa Clara, con su aire colonial, giraba alrededor del Parque Vidal, una manzana entera de historia: monumentos, el Gran Hotel, el Teatro La Caridad, el antiguo ayuntamiento. Solo fue un fin de semana largo, pero para nosotros fue un respiro necesario... un recordatorio de que aún existíamos como pareja y no solo como sobrevivientes.

La calma duró poco. Seis o siete meses después el proyecto terminó y nos devolvieron al campo. Hubo quejas, protestas. Entonces nos permitieron ir al Departamento del Trabajo para buscar otra asignación.

Yo sabía que aquello podía ser una trampa. Un amigo, intentando escapar del campo, fue una vez al Departamento del Trabajo. Le ofrecieron un empleo absurdo: el de cazador de cocodrilos "con guantes". Dijo que no. Regresó un mes después.

—Ahora es el mismo trabajo... pero sin guantes —le respondieron.

No tuvo alternativa.

Esa era Cuba: el sarcasmo convertido en política.

Gracias a algunas conexiones, conseguí trabajo como recapador de neumáticos. Luego pasé a la Empresa de la Goma y, al menos, dejé el campo definitivamente. Reencauchaba neumáticos hasta que mi jefe se dio cuenta de que yo era ingeniero y me trasladó a mantenimiento preventivo. Era un horario de oficina, de lunes a viernes, y por fin los fines de semana eran nuestros. Pero en Cuba nada era estable: cada vez que concluía un proyecto, el gobierno me lanzaba a otro, con otro horario, otras reglas.

Aun así, Berta y yo seguíamos aferrados a una esperanza: que algún día nos permitirían salir. Por eso, al principio del matrimonio decidimos no tener hijos.

Pero a finales de 1974 perdimos la fe. Comprendimos que quizá viviríamos y moriríamos en la isla. No podíamos seguir posponiendo una familia. Y el miedo se mezcló con la ilusión.

La primera vez que me llevaron a la agricultura, Berta perdió un embarazo por nerviosismo. Así que cuando a principios de 1975 el médico le dijo

Trabajo forzado

"estás embarazada", el terror la acompañó desde esa frase hasta el nacimiento de nuestra primera hija a finales de ese año. Vivió esos meses como si el suelo pudiera abrirse bajo nuestros pies en cualquier momento.

A finales de 1976, gracias a un amigo, obtuve por fin un puesto de ingeniería en el Departamento de Construcción. Ya habían nacido mis dos hijas. Por primera vez en mucho tiempo volví a cobrar como ingeniero. Era como recuperar un pedazo de mí.

Pero ahora, en 1980, diecisiete años después de mi graduación, volvía a sentirme estancado. Mi título, otra vez, había perdido su valor.

Ya no podía ayudar a Berta con la mermelada de guayaba que nos sostuvo tras la salida de Laura. Mi vida había sido deformada por las políticas vengativas de un régimen que no solo se negaba a dejarme ir, sino que se empeñaba en recordarme, una y otra vez, quién mandaba.

Y la ausencia de mis padres hacía todo más difícil de soportar. No es que hubieran podido cambiar nada, pero su presencia me consolaba. Cuatro años antes, en 1976, ambos murieron.

Mamá se fue primero, por un derrame cerebral. Pensamos que mi padre no resistiría, porque habían vivido juntos toda una vida. Cuando pasaron meses y seguía con vida, creímos que nos habíamos equivocado. Hasta que, un día, el hijo de Dulce lo encontró muerto en el piso de la sala.

Quisimos creer que murió de tristeza, con el corazón roto. Dulce me consoló diciéndome que, al menos, ahora estaban juntos en el Cielo.

Yo quería creerlo.

Trabajo forzado

Berta, por teléfono, le contó a Sara —mi hermana en Estados Unidos— que me estaban obligando a cortar yerbas con un machete. Sara entendió, sin necesidad de más explicaciones, que ahora, más que nunca, tenía que hacer todo lo que estuviera a su alcance para sacarnos de Cuba.

Cuando me obligaron nuevamente a empuñar un machete para cortar maleza en un parque, no fue solo un cambio de empleo. Fue un mensaje.

Diecisiete años después de haber obtenido mi título de ingeniero, me recordaban que mi preparación, mis sacrificios y mis méritos no significaban nada si no me sometía por completo. El machete pesaba más de lo que debía. No por el metal, sino por lo que representaba.

Cada golpe contra la hierba era un recordatorio de que mi vida no me pertenecía.

Y lo más difícil no era el trabajo físico, ni el salario reducido a una fracción de lo que alguna vez gané. Lo más difícil era regresar a casa cubierto de sudor y polvo, mirar a mis hijas a los ojos y fingir que todo estaba bajo control.

Porque ya no estaba luchando solo por mí.

Estaba luchando por ellas.

Y esta vez, no podía permitirme perder.

Trabajo forzado

Antonio en casa de sus padres con el hijo Dulce

Capítulo 21

Civiles de la FAR

Berta

Cuando Julieta nació en 1976, yo trabajaba como técnica en una empresa de neumáticos, pero en enero de 1977 me despidieron. Quince días después recibí una citación inusual: debía presentarme un sábado por la mañana en una oficina del gobierno.

Desde el primer momento supe que aquello no era buena señal.

Llegué a la hora indicada y pregunté por Raúl Hernández. La recepcionista me miró con cautela antes de pedirme que esperara. Observé cómo caminaba por un pasillo largo y estrecho hasta desaparecer al fondo. Minutos después apareció un hombre alto, uniformado.

—¿Berta...? —confirmó mi nombre.

Asentí.

—Soy el Mayor Hernández, de las Fuerzas Armadas Revolucionarias.

Sentí un vacío en el estómago.

¿Qué tenía yo que ver con las FAR?

Debió notar mi desconcierto.

—Camarada, acompáñeme. Le explicaré cuando lleguemos a mi oficina.

Lo seguí hasta la última puerta a la derecha. Me indicó una silla frente a su escritorio.

—No, gracias —respondí—. Prefiero quedarme de pie.

Se acomodó detrás del escritorio, apartó unos papeles y fue directo al punto.

—La revolución la necesita para el proyecto de vivienda Kohly, cerca del río Almendares. Necesitamos que dirija ese proyecto.

Conocía la zona. Era donde estaban las antiguas mansiones de las familias adineradas, confiscadas tras el triunfo de la revolución y ahora deterioradas por años de abandono.

Lo miré fijamente.

—No tengo ninguna intención de trabajar para las Fuerzas Armadas.

—¿Por qué no?

—No deseo trabajar para el gobierno. Eso es todo.

No esperé su respuesta. Me di la vuelta y salí.

En el autobús, mientras observaba los edificios despintados y la gente caminar bajo el sol, comencé a comprender la magnitud de lo que había hecho. Le había dado la espalda a un mayor de las FAR. En Cuba, eso no era un gesto menor. Podían arrestarme si así lo decidieran.

Cuando llegué a casa se lo conté a Antonio.

—¿Puedes creerlo? —le dije—. ¿Pedirme a mí, a una "indeseable", como nos llaman, que repare las casas que se robaron?

Antonio suspiró.

—Nada me sorprende ya, Berta. Pero hay que tener cuidado con esa gente.

Yo lo sabía. Estaba jugando con fuego.

Pasaron varios días sin consecuencias. Comencé a respirar con algo más de tranquilidad... hasta que llegó otra citación. Debía presentarme nuevamente en la misma oficina.

Esta vez, cuando el Mayor me condujo a su despacho, no estábamos solos. Una mujer con uniforme verde olivo permanecía sentada.

—Ella es Tamara. Supervisa el Partido Comunista en esta zona.

Tamara apenas inclinó la cabeza.

—Siéntese —dijo el Mayor.

—Prefiero quedarme de pie.

El Mayor me observó con una expresión que ya no era cordial.

—Ahora entiendo por qué rechazó la oferta. Está planeando salir del país, ¿no es cierto?

Asentí. Evidentemente habían investigado.

—Eso no representa un problema —continuó—. Trabajará en casas vacías que requieren reparaciones. Usted dirigirá el proyecto.

Crucé los brazos.

—Ya le dije que no tengo intención de trabajar para las Fuerzas Armadas.

Se recostó en su silla.

—Permítame explicárselo de otra manera. Este es un proyecto crítico para la revolución. Personas importantes de la Unión Soviética vivirán en esas casas. Si no acepta, no podrá trabajar aquí... en ningún lugar.

Sentí que el aire se volvía más pesado.

—Necesito trabajar —dije, intentando mantener la calma—. Tengo que ayudar a mi hermana y a sus hijos. Tengo dos hijas pequeñas; una es apenas un bebé.

—Entonces entiende las consecuencias de su decisión.

El silencio se alargó. Sabía exactamente lo que significaba. Sin empleo oficial, podían acusarme de peligrosidad. Sin trabajo, no había comida. Sin trabajo, no había protección.

—¿No hay otra opción? —insistí—. ¿No tienen otros arquitectos?

—No tenemos muchos —respondió—. Y usted está capacitada. Aunque no se graduó, estaba cerca. Eso es suficiente.

Era una orden, no una invitación.

—Está bien —dije finalmente—. Acepto.

Salí de aquella oficina con la rabia contenida. Me obligaban a reparar mansiones para funcionarios soviéticos mientras a nosotros nos costaba conseguir azúcar.

Comencé dos semanas después. La "oficina" era una antigua residencia convertida en un centro administrativo. Allí trabajaban decoradores, costureras, obreros.

Mi labor inicial consistió en recorrer una por una las mansiones vacías: paredes agrietadas, techos dañados, pintura descascarada. Documenté cada desperfecto, elaboré planes de trabajo y asigné tareas según la especialidad de cada obrero.

Cumplía con mi función, pero por dentro me hacía la misma pregunta todos los días:

¿Estaba cavando mi propia tumba?

Si trabajaba bien, ¿me cerrarían aún más la posibilidad de salir?

Y si trabajaba mal, ¿qué me harían?

En Cuba, incluso aceptar un empleo podía convertirse en una trampa.

Capítulo 22

Educación «gratuita»

Berta

Vivía con una ansiedad constante por sacar a mis hijas de Cuba. No quería que continuaran en las escuelas del gobierno, donde muchos maestros carecían de la preparación adecuada. Pero no teníamos alternativa.

Aún me perseguía el recuerdo de lo que le ocurrió a Lynette, la hermana de Tania. Una supuesta maestra le dio una bofetada en el rostro cuando se negó a leer en voz alta por timidez. Tenía apenas seis años. Aquella humillación la marcó profundamente. Durante semanas tuvo miedo de volver a la escuela. Laura la llevó a un psicólogo, quien denunció a la maestra ante la administración.

Después de aquello, me aseguré de que mis hijas supieran leer en voz alta incluso antes de empezar la escuela. Cuando los profesores les asignaban tareas, Antonio y yo no nos limitábamos a supervisarlas; añadíamos nuestras propias lecciones. Intentábamos llenar los vacíos que sabíamos que el sistema dejaría.

El gobierno se jactaba de ofrecer educación gratuita. Pero ¿realmente lo era?

Tras la salida masiva de maestros en los años sesenta, el país quedó sin suficientes educadores.

Educación «gratuita»

El gobierno recurrió a mujeres sin formación universitaria y, casi de la noche a la mañana, las convirtió en maestras. Además, diseñó su propio plan de estudios —especialmente en historia— moldeado por la ideología oficial. El objetivo no era solo enseñar, sino también formar comunistas. Mis hijas crecían con lagunas académicas y una versión manipulada del pasado.

Y el precio no terminaba ahí. Incluso la universidad tenía su costo. Antonio y yo éramos enviados varias veces al año a trabajar sin paga en el campo o en cualquier lugar donde el Estado necesitara mano de obra. Ese era el "intercambio" por nuestra educación.

Ni siquiera los niños escapaban a ese sistema. A partir de los trece años, los estudiantes debían ir al campo cuarenta y cinco días al año. Era obligatorio. Yo conocía demasiado bien lo que sucedía en esos lugares.

Recordaba una tragedia que nunca pude olvidar: una niña murió mientras trabajaba lejos de su familia. Cayó en un hueco en la tierra y nadie se dio cuenta. Cuando la encontraron, ya era demasiado tarde. A veces imaginaba sus últimos minutos: sola, asustada. Ese pensamiento me helaba la sangre.

Después de aquello, Tania y Lynette suplicaron que no las dejaran regresar al campo. Pero era obligatorio. Entonces, Laura, siempre decidida, ideó un plan desesperado: se hirió el pie a propósito y dejó que la herida se infectara para justificar que sus hijas se quedaran en casa para cuidarla.

Fue una apuesta peligrosa. Su pie se inflamó tanto que apenas podía caminar y estuvo a punto de perderlo. Tras insistir y presionar, logró que las niñas pudieran quedarse en casa. Pero el castigo no tardó: las autoridades advirtieron que la ausencia afectaría de forma permanente el expediente académico de sus hijas.

A Laura no le importó. Nunca creyó que sus hijas permanecerían en Cuba lo suficiente como para que esas notas negativas tuvieran consecuencias.

Yo no quería que mis hijas vivieran algo así. No quería que las obligaran a ir al campo. No quería que las humillaran. No quería que un accidente absurdo me las arrebatara.

Solo imaginarlo me paralizaba.

Tenía que sacarlas de Cuba.

Capítulo 23

Navidad de 1980

Berta

Me paré frente a mi refrigerador abierto.

—No tenemos nada que comer en Noche Buena—le dije a Antonio—. Ni pollo, ni puerco, ni carne de res.

Desde que era niña, a pesar de que crecimos en la pobreza, mi madre se esmeraba para que yo tuviera una cena especial en Nochebuena. Era una tradición familiar de gran significado para mí. Año por año, luego del triunfo de la revolución, tener tal cena se nos hizo más difícil, pero era la primera vez que no podíamos tenerla.

Antonio estaba sentado a la mesa del comedor tratando de leer. Levantó los ojos de las páginas y dijo:

—Bueno, podemos comer arroz y chícharos. Eso es lo que tenemos.

—Las niñas y yo estamos cansadas de comer chícharos. Los vemos incluso en los sueños.

No respondió. ¿Qué le pasaba? Le dedicaba la mayor parte de sus horas libres a la lectura de sus libros. *¿Dónde iba a aplicar todo ese conocimiento cuando todavía lo tenían cortando malezas en el parque con un machete?*

Navidad de 1980

Cerré el viejo Frigidaire y, en mi mente, hablé con Dios.

Dios, si tan solo pudiera darles a mis hijas una cena adecuada esta Noche Buena. Sé que puedes conceder milagros. Mis ojos empezaban a llenarse de lágrimas, así que sacudí la cabeza y traté de pensar en otra cosa. Dios no me iba a escuchar. Nadie podía hacer nada por nosotros.

Estaba a punto de entrar en la cocina cuando escuché los vítores de los niños en la calle. Corrí hacia la ventana y no podía creer lo que veía.

—¿Qué está pasando? ¿Un caballo en la calle Zapote? ¡Antonio, tienes que ver esto!

Asintió con la cabeza, agitó la mano y siguió leyendo.

—¡Dios mío! ¿Puedes dejar de leer esos libros por un momento? Te lo juro. ¡Un día, me voy a divorciar de ti!

Frustrada, salí al portal. Para mi sorpresa, la carreta tirada por caballos se había detenido frente a mi casa. Un anciano de piel bronceada con un sombrero de paja se bajó de la carreta, y comenzó a caminar hacia mi casa cargando un pollo. Mis ojos no podían creerlo. ¡Un pollo vivo!

Pero ¿qué está pasando?

—¿Eres Berta? —me preguntó el anciano.

—Sí —respondí.

—¿Conoces a Sara?

—Sí. Es mi cuñada.

—Bueno, la última vez que visitó Cuba, me pagó para que te entregara un pollo en Nochebuena. Esto es para ti.

Navidad de 1980

Esta vez no pude evitar que las lágrimas fluyeran. Un milagro navideño. ¡Dios me había escuchado! Al menos eso fue lo que pensé, aunque me pareció curioso que actuara tan rápidamente. Le di las gracias al anciano y me apresuré hacia dentro de la casa con el ave. Las patas del animal estaban atadas, pero seguía retorciendo su cuerpo y cloqueando.

—¡Antonio, no te lo vas a creer!

El cacareo del pollo debió haber llamado la atención de Antonio, ya que cerró su libro y se apresuró hacia mí.

—¿De dónde sacaste ese pollo?

Sonreí y me sequé las lágrimas.

—Es un milagro navideño —dije—. ¡Aquí! Agarra este pollo y mátalo. ¡Nuestra comida de Noche Buena ha llegado!

Aquella Noche Buena, nos sentamos juntos a la mesa y comimos una deliciosa comida de arroz amarillo con pollo, plátanos fritos y aguacate. Las niñas estaban tan felices que comieron todo lo que había en sus platos y pidieron más. Era la primera vez desde que Laura se fue que los veía tan felices.

En dos días, cuando se nos acabara la comida, una vez más tendríamos que pensar en lo que les daríamos de comer, pero hoy nuestros estómagos estaban llenos y le estábamos agradecidos a Dios por este oportuno milagro navideño.

Capítulo 24

Trabajos de Antonio

Berta

En febrero de 1982, Antonio todavía trabajaba en el parque cortando malezas y recogiendo basura. Llevaba casi dos años haciendo esto cuando ese trabajo terminó abruptamente. En su último día, llegó a casa al mediodía, sucio y sudoroso como de costumbre.

—¿Qué estás haciendo en casa tan temprano? — le pregunté.

—Me despidieron.

—¿Fuiste despedido? —le pregunté incrédulamente.

—Sí, me despidieron.

—¿Cómo puede alguien ser despedido de ese tipo de trabajo?

Se encogió de hombros y agitó los brazos en el aire.

—¡No lo sé! ¿Qué quieres que te diga? Me despidieron. Es así de simple.

No quería frustrarlo más de lo que ya estaba, así que dejé de hacerle preguntas.

—Resolveremos algo. No te preocupes. Ve a bañarte. Te serviré el almuerzo.

Trabajos de Antonio

Fui a la cocina a calentar un poco de la sopa de guisantes y el arroz que había cocinado. Hoy no había aguacates. Estaban disponibles en el mercado negro, pero necesitábamos ahorrar dinero para emergencias. Y la emergencia acababa de llegar.

No sabía qué hacer. Nuestro negocio de mermelada de guayaba se había agotado. Había vendido toda la ropa que Laura y sus hijos dejaron atrás, incluso las camisetas que hice con la tela que Laura le dejó a Mirta.

Anticipando el crecimiento continuo de mi pequeño negocio ilegal, yo había comprado más tela en el mercado negro. Sin embargo, un vecino debió haberme denunciado ante las autoridades. La propia Carmen vino a decirme que la policía vendría a mi casa al día siguiente para hacer una inspección. Quería morirme. Lo último que necesitaba era ir a la cárcel por llevar a cabo un negocio en mi casa. Sabía de otras personas en el vecindario que, de vez en cuando, tenían negocios ilegales, como José, un tipo que vendía *pirulís*. Entonces, ¿por qué atacarme a mí?

Todo el mundo sabía la respuesta a esa pregunta.

Tuve que salir corriendo de la casa con una bolsa grande llena de tela. Empezando por la casa de Mirta, la distribuí entre los pocos familiares que aún me hablaban.

Pensé en hablar con el hombre que le vendía lápices de ojos fabricados con materiales robados a Laura, pero dejó de venir unos días antes de que Laura se fuera. Probablemente se fue a la embajada peruana a pedir asilo político y ahora estaba en la Pequeña Habana, en Miami.

Antonio necesitaba encontrar otro trabajo con urgencia.

Cuba todavía luchaba contra una epidemia de dengue que había comenzado a finales de 1981. Fue entonces cuando surgieron varios casos y las autoridades gubernamentales informaron al mundo sobre la primera epidemia de dengue hemorrágico en las Américas. Más de 300.000 personas se infectaron y otras 150 fallecieron.

Se iniciaron entonces programas de fumigación y recolección de basura designados a proteger a la población contra los mosquitos portadores de enfermedades. Esto fue una suerte para él, si es que se le puede llamar suerte para que alguien tan talentoso como Antonio fuera asignado a trabajos manuales. Después de todo, estaría arriesgando su propia contaminación. Pero esta era la situación de aquellos como nosotros que nos atrevíamos a cuestionar al régimen o que queríamos vivir en libertad.

En su nuevo trabajo de saneamiento, Antonio tenía que subir a una plataforma detrás de un camión, y lo llevaban por toda la ciudad para recoger la basura. Todos los días, cuando salía de casa, yo rezaba para que no le picara un mosquito. Lo último que necesitaba era que contrajera dengue, y menos aún que lo llevara a casa.

Antonio no podía elegir dónde trabajar. De lo contrario, habría regresado a un puesto de ingeniero. Así que no le quedaba otra alternativa. Mantuvo este nuevo trabajo durante unos meses.

Pero los desafíos de Antonio estaban lejos de acabarse.

Después de que terminó la emergencia por dengue, Antonio fue asignado a trabajar en un sitio

Trabajos de Antonio

de construcción en plena madrugada, un trabajo muy peligroso sin iluminación adecuada. Entonces me vino a la mente la historia de nuestro amigo al que le ofrecieron el trabajo de cazador de caimanes sin guantes.

¿Estaría ese trabajo en el futuro de Antonio? ¿Estaba el gobierno tratando de matarlo a él y a otros como él dándoles los trabajos más peligrosos disponibles?

Durante mis conversaciones telefónicas con Sara, la mantuve al tanto de nuestra situación. Podía escuchar la desesperación en su voz.

—No voy a parar hasta sacarlos de Cuba. Eso te lo prometo promesa—le aseguró a Antonio.

Confiaba en ella. Solo esperaba que para cuando lo hiciera, no fuera demasiado tarde.

Capítulo 25

Nuestras visas

Berta

Habían pasado casi dos años desde que Laura y sus hijos se fueron. Laura me enviaba cartas con frecuencia y me contaba sobre su vida en Tampa. También me envío un par de fotografías. Después de tantos años de separación, la reintegración de la familia había resultado difícil. Existía un mar de diferencias entre Rio y Laura. Pero Laura no permitió que Rio cambiara los planes de educación religiosa o académica de sus hijos. Rio no quería que los niños asistieran a la iglesia. Él no creía en Dios después de haber sufrido la separación de su familia durante doce años y de perder a su padre y a su hermano cuando tenía nueve. Pero ella insistió.

A pesar de las objeciones de Rio, Laura hizo que los niños asistieran a las clases en la iglesia de San José (St. Joseph) para recibir su confirmación. Le dijo a Rio:

—Tus experiencias son solo tuyas. Es bueno para los niños tener a Dios en sus vidas.

Eventualmente, a Rio no le quedó otra opción que acceder a los deseos de Laura. Ella se puso muy feliz, y Rio se sentaron juntos en un banco de la iglesia durante la confirmación de los niños.

Laura continuó haciendo hincapié en la educación de los niños. Tania y Lynette estaban terminando el undécimo grado. Estaban en diferentes grados cuando salieron de Cuba, pero Laura pensó que Lynette tendría más posibilidades de obtener buenas calificaciones si ella y su hermana se quedaban en la misma clase. No es que Lynette no fuera inteligente, pero disfrutaba más de sus amigas que de los estudios.

Estaba ansiosa por ver a Laura y a mis sobrinos de nuevo. Los extrañaba mucho. Pero si alguna vez queríamos salir de Cuba, teníamos que ser pacientes y explorar todas las vías.

A mediados de 1982, Francia anunció que otorgaría visas a los profesionales cubanos. Inmediatamente, la hermana de Antonio, Sara, pagó el depósito de $5,000 requerido. Sin embargo, cuando fuimos a presentar la petición, los funcionarios del gobierno nos informaron de que el programa había terminado. Temíamos que Sara perdiera el depósito. A pesar de lo exitosa que era, no tenía un suministro ilimitado de recursos, y ya había gastado miles de dólares en viajes, hoteles y abogados. Por suerte, en este caso, el dinero fue devuelto.

Sara también intentó obtener una visa a través de Panamá. No se expidió ningún visado. Y esta vez, el dinero no fue devuelto. Pero no se rindió.

En enero de 1983 viajó a Costa Rica para solicitar nuestras visas. Pensé: —otro viaje desperdiciado—. Sin embargo, Antonio tenía que mantener una actitud positiva. Pensar que había una salida fue clave para su supervivencia.

En marzo de 1983, Antonio tomó un autobús hasta la oficina de Iberia Airlines en la avenida de

Nuestras visas

La Rampa para comprobar si nuestros visados habían llegado. Recuerdo ese día con claridad porque fue cuando Julieta se cayó de la cama. Hasta el día de hoy, me enfurece recordar lo que sucedió. La noche anterior, Julieta vino a nuestra habitación y le pidió a su padre que levantara las barandillas de su cama porque tenía miedo de caerse. A los seis años, todavía estaba lidiando con problemas psicológicos que surgieron después de que Laura se fue. Pero al menos ahora, ya no dormía en nuestra habitación. En cambio, compartía la habitación del medio (la antigua de Gustavo) con su hermana. Julieta dormía en una cuna grande que pertenecía a Mónica, y Mónica en una pequeña cama individual.

Esa noche, como de costumbre, Antonio estaba leyendo, y no le prestaba mucha atención a nadie. En aquel entonces, yo no entendía su comportamiento ni su necesidad de encerrarse del mundo exterior y de permanecer sumergido en sus estudios.

¿Cuándo volvería a usar todo ese conocimiento? No me di cuenta de que Antonio estaba luchando su propia batalla. Durante dos años, el gobierno lo obligó a realizar los peores trabajos y hizo lo posible por aplastar su espíritu y borrar sus años de estudio. Pero él no estaba dispuesto a dejarlos ganar. Dentro de él, todavía vivía ese niño que se saltó varios grados y llenó todos los huecos de su formación con un prodigioso libro.

Los libros habían sido sus salvadores constantes y más confiables. En ese momento no sabía que trataba de refrescar sus conocimientos por si alguna vez llegábamos a los Estados Unidos. De esta forma, podría encontrar un buen trabajo más fácilmente.

El gobierno le había quitado la capacidad de ganar salarios más altos, pero no podía quitarle su conocimiento.

Julieta adoraba a su padre. Pensé que ella le había pedido que levantara los rieles de su cama porque quería que fuera él quien la acostara. Esperaba toda su atención. De lo contrario, ¿por qué no vino a mí? Yo lo habría hecho de inmediato.

Me quedé dormida pensando que Antonio había escuchado su petición, que iría a su habitación cuando terminara de leer.

Pero me equivoqué.

En medio de la madrugada, escuchamos un fuerte golpe seguido de llanto. Como un relámpago, salté de la cama, salí corriendo de nuestra habitación y entré en la de las niñas. Encendí las luces y encontré a Julieta en el suelo.

¡Voy a matar a este hombre! Juro que lo voy a matar.

La levanté, la acurruqué entre mis abrazos y la colmé de besos. Luego la devolví a su cama.

—Ay, mi amor—dije—. ¿Qué pasó?

Sabía la respuesta a esa pregunta, pero quería escucharla de ella.

—Le pedí a Papi que levantara los rieles y se olvidó, así que tuve una pesadilla y me caí. ¡Todo me duele!

Empezó a llorar de nuevo. —Intenta volver a dormir. Te sentirás mejor por la mañana. Mira. Me quedaré aquí un rato y luego subiré la barandilla. ¿De acuerdo?

Ella asintió.

Agarré una silla del comedor contiguo y la coloqué junto a la cama de Julieta. Me quedé a su lado hasta que se durmió. Luego levanté la baranda antes de regresar a mi habitación.

Antonio seguía en la posición en la que lo dejé, respirando con dificultad, de costado, con el rostro hacia la pared. Probablemente estaba agotado por el trabajo físico. Desde que empezó en ese tipo de trabajo, se quedaba dormido con facilidad. No importaba se estuviese derrumbando el mundo.

Por la mañana, a diferencia de otros días, se despertó alegre. No dije mucho mientras desayunábamos, aunque noté que Julieta no tenía ganas de comer y que regresó a su habitación.

Cuando yo estaba limpiando la mesa, Antonio me rodeó con sus brazos y me dijo:

—Bueno, mi hermosa Berta, ¡hoy voy a ver si llegaron nuestras visas! ¡Esperemos que estén listas!

—¿No estás trabajando?

—Pedí el día libre—me respondió.

Después de que dejó de abrazarme, me di la vuelta y lo miré, inexpresiva.

—¿Está todo bien? —preguntó.

– ¿Oíste algún ruido anoche?

—No.

—¡Qué suerte tienes! ¡Julieta se cayó de la cama de madrugada! —dije y me fui a la cocina.

—¿En serio? ¿Qué pasó?

Lo miré. ¿Cómo no puedo escuchar todo el ruido y el llanto? Hice un gesto negativo con la cabeza.

—No te preocupes. Ve a ver si llegaron las visas.

Sabía que sería un viaje en vano. Algo siempre salía mal. Era como si estuviéramos destinados a quedarnos en Cuba. La idea de que fuese así me agotaba física y mentalmente, pero yo era realista. Después de que Antonio se fue, fui a ver a Julieta. Era casi la hora de llevarla a ella y a Mónica a la escuela. De camino al dormitorio, me di cuenta de que Mónica estaba en el comedor estudiando. *Gracias a Dios, mis dos hijas toman en serio sus responsabilidades. Nunca tengo que decirles que estudien.*

Cuando entré al dormitorio, encontré a Julieta en la cama envuelta en su colca. Acerqué una silla junto a su cama, me senté y le toqué el brazo. Estaba caliente.

—¿Qué pasa, mi amor?

—No me siento bien—me dijo.

—¿Te duele algo?

—Solo estoy cansada.

—Déjame tomarte la temperatura—le dije. Fui a mi habitación y saqué el termómetro de mi mesita de noche. Luego se lo puse debajo del brazo y esperé unos minutos. Me tapé la boca, en estado de shock, cuando leí el número.

—¡40 grados centígrados! Ahora veo por qué te sientes tan caliente. Tenemos que ir al hospital ahora.

—No quiero ir —respondió Julieta cubriéndose la cabeza con las sábanas.

Le descubrí el rostro.

—No puedo dejarte así. ¡Una fiebre tan alta es peligrosa!

Tenía escalofríos y se veía muy enferma, pero no teníamos dinero para pagarle a alguien que nos llevara al hospital. No tuve más remedio que coger un autobús. Antes de irme, le escribí una nota a Antonio.

Me llevo a Julieta al Hospital Calixto García. Tiene mucha fiebre. La escuela estaba de camino, así que dejé a Mónica allí y seguí caminando con Julieta hasta la parada de autobús.

Julieta no paraba de llorar en el autobús lleno de gente, y la gente a mi alrededor no parecía contenta. ¿Qué se suponía que hiciera?

Por fin, llegamos al hospital. Por suerte, el mismo médico que la había visto en nuestra última visita estaba allí.

—Veo que su cabello ha regresado—dijo después de leer su historial.

Asentí con la cabeza. Entonces le conté lo que había pasado. Le ordeno varias pruebas.

Una hora después, regresó.

—Todo se ve bien. No entiendo por qué tiene una fiebre tan alta. Es cierto que podría ser viral. Pero también creo que hay algunos remanentes de los problemas psicológicos que experimentó cuando se le cayó el cabello hace un par de años. Ahora tiene seis años. A esta edad, no debería dormir con los rieles levantados. Su caída dice mucho sobre la lucha interna que su hija libra. Me alegra ver que ya no se le cae el pelo, pero a veces las peores heridas son las que no vemos.

Mis ojos brillaron cuando escuché sus palabras. No importaba cuántas veces la sacáramos de la casa a la playa, al zoológico y al parque, todavía le dolía.

El médico le administró medicamentos para bajarle la fiebre y la envió a casa.

—Alguna buena noticia sobre tu situación actual podrían ayudarla—dijo antes de que nos fuéramos.

Pero para cambiar nuestra situación, necesitábamos mover montañas.

Cuando salimos del hospital, los autobuses no estaban tan llenos como antes, pero luego de varias paradas pude encontrar dos asientos vacíos adyacentes. Julieta apoyó la cabeza en mi hombro y se durmió.

Cuando llegamos, Antonio estaba en la sala leyendo. A diferencia de otras veces, al vernos, se levantó del sillón y se acercó a nosotras con una sonrisa brillante.

—¡Nuestras visas han llegado! —dijo.

Por un momento sonreí mientras nos abrazaba.

—¿Voy a ver pronto a Tía Laura? —preguntó Julieta.

Antonio la levantó y la llevó en brazos.

—Sí, Julieta. Pronto, volveremos a estar todos juntos—le dije.

A pesar de lo enferma que estaba Julieta, ella forzó una sonrisa. Yo deseaba que la noticia me hiciera tan feliz como a Antonia, pero algo me decía que nuestra pesadilla no había terminado.

Esperaba estar equivocada.

Capítulo 26

Solo en un ataúd

Berta

Unos días después de la llegada de nuestras visas, llegó una carta por correo. Era de Inmigración. Teníamos una cita el miércoles de la semana siguiente a las 9 a.m.

Pensé: —¿Y ahora qué? ¿Qué excusa inventarían?

Antonio no estaba siendo utilizado como ingeniero, por lo que esa no sería una razón para retenernos.

No le dije nada a Antonio. Sin embargo, debe haber notado la preocupación en mi rostro.

—Estoy seguro de que todo va a salir bien— dijo. Ingerí una bocanada de aire y la dejé escapar poco a poco.

El día de la cita no dejé que Mónica fuera a la escuela. Pensaba que era preferible quedarnos todos juntos. Para ahorrar dinero, tomamos el autobús. Por suerte, los actos de repudio habían terminado, así que no tuve miedo de llevar a la familia a ese edificio. Estos actos se interrumpieron repentinamente, después de que una turba enfurecida sacara a rastras a un hombre de su casa y lo matara en la calle. Lo patearon y lo golpearon con palos. Nadie acudió a su rescate. Castro se dio cuenta entonces de que era hora de aplacar a sus perros salvajes. No necesitaba que ese tipo de noticias recorriera el mundo. Por suerte para él, en ese tiempo, no había redes sociales.

Salimos de la casa alrededor de las 8 a.m... A esa hora, los autobuses estaban repletos de gente que intentaba llegar a sus trabajos. Antonio nos empujó a las niñas y a mí hacia dentro del atiborrado ómnibus, mientras él colgaba de la puerta.

—No puedo respirar, Mami—dijo Julieta antes de que el autobús se pusiera en marcha. Apretada entre Mónica y yo, tenía muy poco espacio para moverse.

—Señor, ¿puede moverse un poco, por favor? —le pregunté al hombre de mediana edad frente a Mónica.

—¿A dónde carajo quiere que me meta, señora? No hay más espacio en esta maldita guagua.

Su comportamiento me enfureció. Le hice señas a Mónica para que se pusiera a mi lado. Luego empujé mi cuerpo contra el del hombre grosero y lo obligué a moverse un par de pasos. Eso también me permitió moverme y dejar más espacio para mis hijas y para Antonio. Por suerte, eso fue suficiente para que Antonio metiera su cuerpo en el autobús.

Mi determinación enfureció al hombre.

—Señora, ¿qué le pasa? ¿Puede dejar de empujarme?

Tenía miedo de que me empujara, así que me aferré con todas mis fuerzas a las barras de metal de ambos lados. El autobús iba ahora a toda velocidad. Si nos empujaba, sería una mala noticia para todos nosotros.

Solo en un ataúd

—Niñas, agárrense a la barra de metal, por favor—les dije, con la esperanza de que el hombre se diera cuenta de que tenía hijas pequeñas. La brisa entraba por la puerta abierta. Así que, por ahora, Julieta había dejado de quejarse. En la siguiente parada de autobús, la gente que estaba adentro comenzó a gritar: —¡Tengo que bajarme en esta parada!

Me empujé a mí y a nuestras hijas a un lado para dejar suficiente espacio para que salieran. Antonio ahora estaba fuera del autobús y había más gente esperando para entrar.

—Antonio, ven a mi lado —le dije—. Me miró nervioso. Esta es exactamente la razón por la que no podía dejarlo solo en este lugar.

—Antonio, entra. Dame tu mano.

El hombre que estaba delante de mí ya se había movido y había ocupado un asiento vacío de una de las personas que salieron. No tuvo la amabilidad de darles asiento a una mujer con niños pequeños. ¿Dónde estaban sus modales?

Con el hombre grosero fuera del camino, halé a Antonio hacia dentro del autobús. Al menos ahora, todos estábamos más cómodos. Unos quince minutos después, al fin llegamos al Edificio de Inmigración.

Había una corta fila de personas esperando. Todos nos quedamos en silencio; Mónica tomó la mano de su padre y Julieta la mía.

Finalmente, nos tocó el turno. Le entregué la carta al empleado que estaba detrás del mostrador. La leyó y nos miró.

Solo en un ataúd

—Vuelvo enseguida—dijo y abandonó su puesto. Regresó cinco minutos después, pero no estaba solo.

—¿Es usted Berta Álvarez González? —me preguntó.

—Lo soy —le respondí. Acabamos de recibir nuestras visas.

—Lo sé —dijo el hombre que acompañaba al empleado—. El problema es que no puedes irte.

—¿Por qué? —pregunté.

—¿Puede darme una lista de los lugares en los que ha trabajado? —preguntó el segundo hombre.

—¿Por qué es eso relevante?

—Mis notas muestran que usted trabajó para las Fuerzas Armadas Revolucionarias. Esto simplemente significa que la única forma de salir de este país es dentro de un ataúd.

Antonio se llevó las manos a la cabeza.

—Pero no estuve involucrada en ninguna operación secreta. Trabajé dentro de casas vacías.

—Ya se lo dije. No puede irse.

Julieta se echó a llorar.

—¿Por qué llora? —preguntó el hombre, como si le importara.

—Echa de menos a sus primos y a su tía —dije.

Giró la cabeza de un lado a otro y se sonrió burlonamente. Eso me enfureció.

—Vamos niñas. Si necesito hablar con mi jefe en las Fuerzas Armadas, eso es lo que haré.

Antes de que me alejara, me dijo:

—¿Y crees que tu jefe tiene algún interés en ayudar a alguien como tú?

Solo en un ataúd

No respondí. Agarré las manos de mis hijas y nos fuimos todos.

Capítulo 27

No me puedo rendir

Berta

Una vez más, regresamos a nuestra casa en la calle Zapote. Me fijé en los restos del huevo podrido que alguien había arrojado contra la pared exterior después de que Laura se fuera. Lo había limpiado lo mejor que podía. Pero no me preocupé por terminar el trabajo, ya que temía que el hecho se repitiera. Además, ¿para qué? Nuestras paredes, y las de todas las casas del vecindario, estaban enmohecidas por las frecuentes inundaciones. Con el paso de los años, el moho creció en las paredes despintadas.

Me repugnaba ver la vieja casa de mis padres en tal estado de deterioro; tan diferente a las casas de Tampa, Florida, que vi en las fotos de Laura.

Al llegar, Julieta se echó a llorar. Se había detenido durante nuestro viaje en autobús, pero ahora estaba abrumada por la emoción. Mónica no dijo una palabra y se fue a su habitación. Tiró la puerta al entrar.

—¡Mónica! —gritó Antonio con severidad.

—Antonio —respondí y negué con la cabeza—. Déjala tranquila. Necesita desahogarse.

Antonio y yo nos sentamos uno frente al otro en silencio, con la depresión dibujada en los rostros.

No me puedo rendir

Ahora Julieta estaba de pie junto a su padre, con los ojos llenos de lágrimas.

—Dijiste que íbamos a ver a tía Laura, Papi — dijo ella.

—Julieta, mi amor —respondió Antonio—. Vete a tu habitación. Mami y Papi necesitan hablar.

Nos miró con ojos tristes y se alejó con los hombros caídos y la cabeza agachada. Esperé a que cerrara la puerta de su habitación antes de decir nada. Entonces susurré: —No pueden hacernos esto.

—¡Pueden, y lo hicieron! —gritó Antonio—. ¡Dime! ¿Qué podemos hacer? ¿Qué puede hacer *nadie* en este desgraciado lugar?

Sus manos golpearon la mesa con fuerza.

—Mi hermana debería darse por vencida — agregó—. Debería dejar de botar su dinero. NUNCA NOS IREMOS DE ESTE LUGAR. ¡Ganaron! El mensaje ha sido recibido.

Podía sentir que mi corazón se aceleraba.

—Bueno —dije—. Puedes rendirte si quieres. Pero ¡yo no me rendiré!

Sonrió sarcásticamente. Nunca lo había visto así.

—Y pensé que tu hermana tenía pajaritos en la cabeza, que estaba desconectada de la realidad. Ahora, ¿quién vive en las nubes?

Exhaló y sacudió la cabeza. Su rostro se había enrojecido de ira.

—Antonio, por favor, no me insultes. Puedes estar enojado con la situación, pero no te vuelvas contra mí. Soy tu única aliada. No lo olvides.

116

No me puedo rendir

Tomó una bocanada de aire exagerada; luego bajó la mirada. Los dos nos quedamos callados por un momento.

—Lo siento —dijo entonces con más calma—. Esta gente me está volviendo loco. Es que no sé qué puedes hacer.

—Hablaré con el mayor, el tipo que me obligó a trabajar para ellos —dije.

—Ha pasado mucho tiempo desde que trabajaste allí. No se acordará de ti.

—Debo hacer todo lo posible por sacar a nuestra familia de aquí. No puedo permitir que las visas se expiren.

Emitió un gruñido ininteligible.

—Me he quedado sin ideas —dijo—. Si crees que hay una posibilidad, haz lo que creas, pero no hagas nada que pueda llevarte a la cárcel.

Me quedé pensativa por un momento, hasta que se me ocurrió una idea.

Hice algunas amistades cuando trabajé para las Fuerzas Armadas. Tal vez alguien podría ayudarme a concertar una cita con el mayor.

Capítulo 28

En busca del mayor

Berta

Fui al mismo lugar donde había conocido al comandante la primera vez y pregunté por él. La mujer de ojos oscuros de la recepción me miró con recelo.

—¿Tienes una cita? —preguntó jugando con sus largas uñas rojas.

—No —le dije— pero me urge hablar con él.

Sin ganas, se levantó de la silla.

—Por favor, espere aquí —dijo y caminó hacia la oficina del mayor, ubicada al final del pasillo.

Momentos después, regresó con él. Al igual que durante mi última visita, el mayor llevaba un uniforme militar verde-oliva, un color que me llenaba de ira y resentimiento. Ese color representaba a quienes habían mantenido a Laura separada de su esposo, así como al gobierno que había negado la reunificación de Río con sus hijos y su esposa. Un color que representaba la destrucción de las familias.

Le expliqué que el departamento de Inmigración no nos dejaba salir porque yo había trabajado para los *Civiles de la FAR*.

En busca del mayor

—Tal vez recuerde que traté de rechazar el trabajo porque planeaba irme. Sin embargo, no tuve más remedio que tomarlo.

—¿Y por qué vienes aquí?

—Esperaba que pudiera darme una carta que me autorizara a irme. Mis hijas extrañan a sus primos y a su tía. Mi hermana era como su segunda madre. Mi hija menor se está enfermando. La separación la ha afectado mucho. Realmente necesito su ayuda.

—Compañera, la verdad es que no me interesan sus problemas. Me estoy preparando para viajar a Angola con el General Arnaldo Ochoa, uno de los héroes de la revolución.

El nombre me resultaba familiar. ¡Qué clase de «héroe»!

El general Ochoa había luchado contra la Brigada 2506 durante la invasión de Bahía de Cochinos en 1961. Fue guardaespaldas de Fidel Castro durante años y entrenó a las fuerzas rebeldes que combatían en el Congo. Era muy respetado por los soviéticos y los militares cubanos.

En los Estados Unidos, sin embargo, era considerado uno de los principales traficantes de narcóticos del hemisferio. Años después, en 1989, cuando me enteré de la muerte de este «gran general», recordé el día en que fui a ver al mayor. Ese año, Ochoa y tres oficiales de alto rango fueron ejecutados por las Fuerzas Armadas de Castro tras ser acusados de contrabando de drogas y de traición.

Traté de razonar con el mayor.

—Compañera, no me hagas perder el tiempo. Si no quieres que te arresten por interferir en la labor de la revolución, vete en este mismo momento.

En busca del mayor

Lo miré a los ojos y el odio brotaba de sus pupilas. El mayor no conocía la compasión. Era el mal personificado. Nada de lo que yo pudiera hacer cambiaría su opinión.

Debía encontrar otro camino. Cuando todo me pareció perdido, se me ocurrió otra idea. El comandante y el general Ochoa viajarían a Angola. ¡El mayor me lo acababa de notificar! Alguien tendría que ocupar su lugar en su ausencia. Tal vez podría esperar hasta que se fueran y regresar otro día. Sin embargo, la próxima vez necesitaría ser más persuasiva. Tenía que parecerme más a Laura, alguien que podía llorar por casi cualquier cosa.

La posibilidad de obtener compasión de cualquier persona alineada con el Partido Comunista y las Fuerzas Armadas Revolucionarias era escasa. Pero tenía que intentarlo.

El futuro de mis hijos dependía de ello.

Capítulo 29

El nuevo del mayor

Berta

Entre las amistades que hice cuando trabajaba en *Civiles de la* FAR, hubo uno con quien yo había continuado mi amistad. Enseguida me comuniqué con él, y le expliqué mi situación. Le pregunté cuál era la mejor manera de comunicarme con el nuevo mayor. Le aseguré que nunca lo delataría por darme esta información. Afortunadamente, estuvo de acuerdo en facilitarme su dirección. El día antes de mi visita al nuevo mayor de las Fuerzas Armadas, recibí una carta de Laura. Me contaba que sus hijos se encontraban bien, asistiendo a la escuela y sacando buenas notas. A través de sus cartas y fotografías, pude visualizar cómo serían nuestras vidas si alguna vez llegáramos a los Estados Unidos.

En 1980, los niños participaron en su primer *Halloween*. Tania y sus hermanos no tenían disfraces, pero una familia puertorriqueña que conocieron les permitió usar unas máscaras aterradoras, les dieron bolsas de *Halloween* y los enseñaron a recorrer todo el vecindario diciendo «*trick or treat* (truco o trato)». Eso era todo lo que necesitaban hacer para que los vecinos les dieran caramelos; algo que yo no entendía.

El nuevo del mayor

A Laura no le gustó nada la idea de que sus hijos vinieran a los Estados Unidos para mendigar caramelos por todo el barrio, pero su amiga le explicó que era una de las tradiciones de su nuevo país.

Luego de unos meses de su llegada a los Estados Unidos, las niñas comenzaron la escuela secundaria, y Tania, tenía novio. Eso me hizo feliz. Por fin, seguía adelante. A estas alturas, su exnovio, Orlando, ya no venía a nuestra casa. Tal vez, finalmente entendió que yo nunca le entregaría sus mensajes a Tania.

Aquella mañana, antes de salir de la casa muy temprano para visitar la casa del nuevo mayor de las Fuerzas Armadas, Antonio me dio un abrazo y me dijo: —Por favor, trata de que no te metan en la cárcel. Ten cuidado con esta gente.

—No te preocupes. Estaré bien.

—Me preocupa lo que piensas hacer. Puede que al mayor le interese saber cómo has podido encontrar dónde vivía.

—Ahora estás actuando como yo. Te estás preocupando demasiado.

Le besé en los labios y me fui. Eran las seis de la mañana y las niñas aún no se habían levantado.

Esperé el autobús más tiempo de lo habitual y, cuando al fin llegó, estaba repleto. Unos 40 minutos después de salir de la casa, finalmente, llegué la dirección deseada.

La casa del mayor se encontraba en el barrio del Vedado, uno de los más bonitos de La Habana. La luna adornaba el cielo y las farolas iluminaban la cuadra, por lo que no fue muy difícil encontrar el número que me dio mi compañero de trabajo.

El nuevo del mayor

Toqué el timbre de la casa bien cuidada y esperé. Momentos después, una mujer llegó a la puerta con una elegante bata de dormir.

—Buenos días —dijo—. Es un poco temprano para las visitas.

—Lo siento. Es urgente que hable con el comandante González Pérez.

—Ese es mi esposo —respondió la mujer—. ¿Cómo te llamas?

Le di mi nombre. Me pidió que esperara afuera y volvió a entrar, cerrando la puerta tras de sí.

Unos minutos después, apareció el mayor. Me alegró ver que no parecía tan intimidante como el anterior. Puede haber sido su sonrisa. También era joven. Tal vez de unos treinta y cinco años.

—Buenos días, compañera. Tengo entendido que desea hablar conmigo.

—Buenos días, sí; es un asunto urgente. Lamento haber venido a verle tan temprano.

—Entonces, ¿qué desea? —preguntó sin pedirme que entrara.

—Le explicaré. Tengo una hija enferma. Los médicos lo han intentado todo para ayudarla, pero no han tenido mucho éxito. ¿Entiende? Tenemos excelentes médicos, pero requiere tratamientos especiales que no están disponibles aquí.

—Bueno, yo no soy médico —dijo.

Me quedé callada un momento. Entonces le pregunté: —¿Tiene hijos?

Sabía la respuesta. Mi compañero de trabajo me lo había dicho.

—Sí, dos niñas y un varón.

El nuevo del mayor

—Entonces, sabe que, como padres, tenemos que hacer todo lo posible por nuestros hijos.

—Lo entiendo.

Hice una pausa. Las palabras no eran suficientes. Tenía que hacer lo que Laura hubiera hecho. Tenía que llorar. Pensé en la muerte de mis padres, en las experiencias más tristes que había vivido. Estos recuerdos hicieron que se me llenaran los ojos de lágrimas. Cuando empezaron a rodar por mi rostro, me di cuenta de que tenía la atención del mayor.

—Necesito su ayuda —dije con la voz quebrada—. Trabajé en *Civiles de la FAR*.

Procedí a explicar todo lo sucedido. Al final, le aseguré: —Sin tratamiento, tengo miedo de que mi hija muera. Tengo familia en los Estados Unidos, incluso un médico que está listo para tratarla.

Estaba mintiendo, pero no creía que lo consultara con los médicos. Era cierto que Julieta tenía problemas psicológicos, pero era exagerado afirmar que moriría sin el tratamiento adecuado. Sin embargo, un padre preocupado podría fácilmente volverse irracional ante un niño enfermo y llegar a una conclusión absurda. ¿Verdad?

—Nos tomó mucho tiempo obtener estas visas —le dije—. Por favor, no deje que caduquen.

Respiró profundo.

—Le pediré a alguien en la oficina que le cite por escrito para una entrevista.

—¿Y si no se ponen en contacto conmigo?

—Tiene mi palabra.

No podía decirle lo que pensaba. En los últimos veintitrés años, desde que Castro llegó al poder, había aprendido que no podía confiar en nadie

El nuevo del mayor

relacionado con el gobierno. Sin embargo, no ganaría nada confrontándolo.

—Muchas gracias, compañero —dije usando ese término que despreciaba.

Él asintió, se despidió y entró a su casa.

Más tarde, mientras estaba sentada en el autobús de regreso a casa, me pregunté si volvería a tener noticias de las Fuerzas Armadas.

Capítulo 30

La carta

Berta

La carta llegó una semana después de que hablara con el nuevo mayor. Cuando el cartero la sacó de su bolsa marrón y me la entregó, empecé a temblar. Me dio una sensación de malestar en la boca del estómago.

Entré corriendo y me senté en el sofá, incapaz de controlar mis manos temblorosas. ¿Qué pasaría si me dijeran que no, sin siquiera hablar conmigo? Esa también era una posibilidad.

Traté de abrir el sobre con cuidado, pero, de frustración, terminé rompiéndolo. Entonces, desdoblé la carta y comencé a leerla con inquietud.

Por la presente, se le solicita que comparezca...

Una vez que leí esas palabras, me di cuenta de que el proceso avanzaba.

—¡Antonio! Recibí la cita. ¡Ven rápido!

Hablé más alto de lo que debía. ¿Y si alguien estuviera escuchando? Pero bueno, no dije con quién era la cita. Antonio salió de nuestra habitación, donde se encontraba leyendo como de costumbre, y se apresuró hacia mí. Le entregué la carta.

Me pedían que me presentara en la oficina de las Fuerzas Armadas, en el mismo lugar donde me había presentado en mis reuniones con el mayor anterior.

—¡La entrevista es la semana que viene! —exclamé.

—¿Qué crees que te preguntarán?

—No lo sé.

—Ven aquí —me dijo y abrió los brazos hacia mí.

Me levanté de la silla y nos abrazamos. No quería que supiera lo nerviosa que estaba, un sentimiento que no era propio de mí. Dependía mucho de mi capacidad para decirles a los miembros de las Fuerzas Armadas lo que querían oír. Si no lo hacía, todo terminaría.

Tenía ansias de que llegara el día de mi cita; sin embargo, al mismo tiempo, lo temía.

Finalmente, llegó la fecha indicada. Esa mañana, antes de irme, Antonio me abrazó y me dijo:

—Ten cuidado.

—Lo haré.

Salí de la casa y comencé a caminar hacia la parada de autobuses. Entonces, esa sensación de malestar en la boca del estómago regresó. Duró todo el viaje en autobús e incluso, después de ver la oficina de las Fuerzas Armadas.

Cuando llegué, le entregué la carta a la recepcionista, una mujer diferente a la que había visto la última vez. Esta tenía las uñas cortas y descuidadas, pero afortunadamente, me recibió con una amable sonrisa.

—Por favor, quédate aquí. Alguien estará contigo pronto.

Un par de minutos después, salió un hombre con la cabeza cubierta de cabello blanco, que parecía tener unos sesenta años. Iba vestido con aquel omnipresente uniforme militar verde olivo.

—Por favor, ven conmigo —dijo.

Seguí al hombre por el pasillo, que ya me resultaba familiar, hasta la segunda oficina a la derecha. Me pidió que me sentara. Obedecí. Luego de que se sentara frente a mí, noté que de él emanaba un nauseabundo olor a cigarros. Inmediatamente, comenzaron las preguntas. Primero, verificaron mi nombre y mi dirección y, seguidamente, continuaron con las demás preguntas.

—¿Cuáles eran tus responsabilidades cuando trabajabas para *Civiles de la FAR*?

—Visitar cada una de las casas vacías para determinar qué trabajo había por hacer.

—¿Había alguien en las casas que visitó?

—No. Tomé notas de todo el trabajo que había por hacer. Luego se lo asigné al equipo de trabajadores.

—¿Escuchó alguna vez alguna conversación entre miembros de las Fuerzas Armadas y las personas que iban a ocupar las casas?

—No.

—¿Le dijeron quién iba a ocupar la casa?

Hice una pausa antes de responder. Si decía la verdad, eso podría afectarme. Si mentía, podía pasar lo mismo. Opté por la verdad.

—Me dijeron que las casas eran para funcionarios soviéticos.

—¿Alguna vez hablaste con alguien de la Unión Soviética? Me refiero a las personas que finalmente ocuparon las casas.

—Una mujer soviética pidió ver al director del proyecto. Ella estaba contenta con las renovaciones

La carta

de la vivienda que le habían asignado, así que quiso regalarme una botella de colonia y unas galletas. Les di las galletas a mis sobrinas.

—Aparte de las conversaciones sobre los regalos que te dio, ¿te habló de algo más?

—No —le dije.

Las preguntas se prolongaron un rato más. ¿Estaría pasando esta prueba? Era difícil saberlo. Mi interrogador se veía muy serio todo el tiempo. Al final, se recostó en su silla.

—¿Tiene alguna pregunta para mí? —me preguntó.

—¿Qué va a pasar después?

—Le daré mi informe al mayor.

—¿Y después?

—Él determinará qué hacer.

Me sentía aliviada cuando me fui. La entrevista, finalmente, había terminado.

Capítulo 31

La espera

Berta

El fin de semana siguiente a mi entrevista, fuimos a la playa de Santa María con las niñas. Tomamos un par de autobuses repletos de gente; nos tardamos más de una hora en llegar. Por suerte, salimos temprano de casa.

Necesitaba un poco de aire fresco; oler el aroma del mar, caminar sobre la arena y ver las majestuosas palmeras mecerse con la brisa marina.

¿Y si esta fuera la última vez que pudiera ver este lugar?

No era tan romántica como mi hermana, pero esta playa guardaba muchos recuerdos para mí. En mi mente, veía a Tania y a sus hermanos corriendo por la arena. Podía verla sentada sola, construyendo castillos de arena cerca de la orilla.

Era cierto lo que decía la gente. Nada es lo mismo sin quienes forjamos nuestros recuerdos. La playa Santa María me recordaba su ausencia; me decía que nada volvería a ser igual.

Pasamos un par de horas en la playa. El agua estaba más fría de lo que me hubiera gustado, pero las niñas se reían y jugaban con nosotros, y eso me hacía feliz.

La espera

Después de salir del agua, las niñas me dijeron que tenían hambre.

—Tenemos pan y dulce de leche —les dije. Había hecho dulce de leche cocinando una lata de leche condensada en la olla a presión durante unos cuarenta minutos. La leche se volvió marrón y se puso cremosa. Estaba deliciosa; aunque estaba llena de azúcar, no estábamos pensando en dietas en esos días.

—Dulce de leche. ¡Qué rico! —dijo Julieta con una brillante sonrisa.

A las niñas les encantó su almuerzo. Luego regresamos a casa; felices, pero exhaustos.

No sabía qué pasaría después. ¿Recibiría respuesta de las Fuerzas Armadas?

Todavía tenía en la boca un sabor amargo por lo sucedido un año antes, en 1981. Le escribí una carta a Raúl Castro, hermano de Fidel Castro, para pedirle que intercediera por nosotros. Raúl era el Ministro de Defensa de Cuba en aquel momento. No sabía si podría ayudarme, pero no quería dejar piedra sin mover. En la carta, incluí el número de teléfono de Carmen. Ese era el único teléfono al que tenía acceso.

Una semana después de enviar mi carta, Carmen se apareció en mi casa, y me dijo que un hombre me había llamado por teléfono. Carmen le pidió que esperara unos minutos.

Cuando recogí el auricular, el hombre primero verificó mi identidad. Luego me preguntó: —¿Le escribiste una carta a Raúl Castro?

—¡Sí! —respondí con entusiasmo.

—Es por eso que estoy llamando. Veo que tienes dos hijas pequeñas y un marido.

—Sí —dije.

– Tal vez pueda ayudarte.

—Sería maravilloso si pudiera. Se lo agradecería mucho.

—Bueno... pero no tan rápido. Verás, mi ayuda tendría un precio.

Se detuvo un momento.

—Tu marido no tendría por qué saber nada. Yo sería muy discreto   —agregó.

—¿Qué está sugiriendo? ¿Qué tipo de mujer cree que soy? ¡Es un asqueroso! Cuelgue el teléfono ahora mismo, a menos que quiera que lo denuncie.

El hombre colgó de inmediato. Carmen, que había estado de pie cerca de mí, me preguntó qué había pasado. Cuando se lo dije, hizo un gesto negativo con la cabeza y dijo: —Lo siento.

Aquellos recuerdos ahora estaban regresando. Esperaba no tener que volver a vivir una experiencia similar.

Pasó una semana después de nuestro viaje a la playa. Todavía no habíamos recibido ninguna carta de Inmigración ni de las Fuerzas Armadas. Me pregunté si habría respondido correctamente a las preguntas, o si dije algo que se suponía que no debía decir.

Decidí esperar un poco más. Cuando pasó otra semana y no llegaron noticias, tuve otra idea.

Esta vez, le escribiría una carta al mismísimo Fidel Castro.

—¿Has perdido la cabeza? —preguntó Antonio cuando se lo dije. —¿Te acuerdas de lo que pasó cuando le escribiste a Raúl? Ahora, ¿qué crees que pasará?

La espera

—No puedo dejar nada al azar. Le contaré todo, incluso lo que pasó antes, cuando aquel hombre me llamó y me pidió que me acostara con él. Movió la cabeza de un lado al otro.

—Te pareces más a tu hermana de lo que crees. Sabes exactamente con quién estás tratando. Estas personas son monstruos.

No respondí. No iba de cambiar de idea. Aquella noche, después de acostar a las niñas, me senté a la mesa del comedor y comencé a escribir. Escribí una carta de varias páginas. Hablé de mi carta a Raúl, de la llamada que recibí, de mi hermana y de todo lo que pasaron mis hijas. También hablé de Antonio y de los trabajos que le habían asignado. Por último, atenté contra su ego: —Sé que, si alguien puede hacer algo respecto de nuestra situación, es usted.

Al día siguiente, entregué la carta personalmente en el Palacio de la Revolución. La empleada de palacio me aseguró que se la entregaría a Fidel Castro.

Pasó otra semana.

Unos diez días después de mi visita al Palacio de la Revolución, el cartero llegó más tarde de lo habitual. Me puse ansiosa cuando lo vi de pie en el portal, con la bolsa marrón colgando de la gruesa correa que llevaba sobre el hombro.

—Buenas tardes. ¿Tiene correo para mí? —pregunté.

Estaba acostumbrado a mi pregunta. Día tras día, esperaba a que llegara. Incluso, cuando no entraba en mi portal, si lo veía caminando por la calle, le hacía la misma pregunta.

La espera

Esta vez, el joven sonrió y dijo: —¡Sí! Tengo una carta para usted.

Me entregó el sobre. Mis ojos se iluminaron cuando me di cuenta de que era de la Oficina de Inmigración.

Entré y la abrí.

Leí la carta con ansiedad. Me pedía que me presentara en la Oficina de Inmigración ese viernes. Eso era mucho antes de lo que esperaba. ¿Qué significaba eso? ¿Nos dejaban ir? ¿O me llamaban para decirme lo mismo que la última vez? Que la única forma de salir de Cuba sería dentro de un ataúd.

Capítulo 32

Visita a Inmigración

Berta

Antonio, en la mañana de mi cita en Inmigración, insistió en ir conmigo. Así que dejamos a nuestras hijas en la escuela y comenzamos a caminar hacia la parada de autobús. Era inusual que ambos estuviéramos juntos durante la semana, por lo que recibimos algunas miradas de los vecinos que nos vimos en el camino. Desde el éxodo del Mariel, muchos habían dejado de hablarnos para evitar asociarse con *gusanos* como nosotros o con elementos indeseables.

—¿Estás nerviosa? —me preguntó Antonio mientras esperábamos el autobús. Debió de notar cómo yo jugaba con los dedos.

—¿Yo? —pregunté. —¿Desde cuándo me pongo nerviosa por una visita a Inmigración?

Su sonrisa me dijo lo que pensaba.

Por supuesto que estaba nerviosa, pero no quería decírselo, para que no sintiera lo mismo que yo. Solo mi nombre aparecía en la cita, y eso me preocupaba. ¿Por qué no los dos? ¿Iría a continuar este juego? *Uno de ustedes puede irse, pero el otro no.*

Entramos al edificio blanco que albergaba la Oficina de Inmigración a las 9:00 a.m., aunque mi

135

cita era a las 9:30 a.m. Nos permitimos tiempo adicional en caso de que el autobús no llegue a tiempo. Mi impaciencia crecía a medida que se acercaba la hora de mi cita. Por fin, escuché mi nombre. Un trabajador me pidió que lo siguiera a su oficina, pero a Antonio no le permitieron entrar conmigo. *Esto parecía más formal que en visitas anteriores.* Pero no dije nada. Entramos en una de las oficinas de la derecha. El oficial se sentó detrás del escritorio y barajó algunos documentos. Luego verificó mi nombre.

No era el mismo hombre que me aseguró que solo saldría de Cuba en un ataúd, así que eso me dio un poco de consuelo. Aún así, mis piernas comenzaron a moverse involuntariamente.

—Le he pedido que venga para informarle que se le ha concedido la salida de Cuba.

Sacudí la cabeza. ¿Escuché bien? ¿Estaba soñando? ¿Me habría golpeado la cabeza contra los barrotes del autobús y estaría alucinando? Así era como me sentía, por lo que necesitaba cerciorarme.

—¿Está diciendo que mi esposo, mis hijas y yo, que TODOS nosotros, podemos salir de Cuba juntos?

Incluso, mientras repetía estas palabras, no podía creerlas.

—Sí. Eso es lo que dije.

Miré al suelo y me froté la frente. No sabía si reír o llorar, pero no podía hacer ninguna de las dos.

—¿Está seguro?

Se echó hacia atrás.

—Compañera, si sigue haciéndome la misma pregunta, le negaré el permiso de salida.

—No, por favor. Lo siento. ¡He estado esperando tanto tiempo! Entiendo. Muchas gracias.

—En unos días, recibirá el aviso sobre su inventario. No se puede sacar nada de su casa ni antes ni después; de lo contrario, le causará problemas. ¿Entiende?

—Por supuesto. No sacaremos nada. ¿Podemos llevarnos algunas fotos familiares en nuestro equipaje?

—Solo fotos tomadas dentro de su casa. No podrá llevar fotos tomadas afuera.

Eso sí que era raro. ¿Se habían vuelto tan paranoicos?

Desde hacía más de veinte años le aseguraban al pueblo que cualquier día vendrían los imperialistas yanquis a atacar a Cuba. Por lo tanto, todos debíamos permanecer en alerta. Todos teníamos que estar dispuestos a luchar y a morir por la revolución.

¡Qué manera de hacernos perder el tiempo a todos!

—Claro. Entiendo. Solo fotos tomadas en el interior.

—¿Tiene alguna otra pregunta?

—No, no. Muchas gracias por su tiempo.

Estaba tan feliz que temblaba.

Anhelaba ver a Antonio para darle la gran noticia.

¿Podría nuestra pesadilla estar a punto de terminar?

Capítulo 33

Preparándonos

Berta

Antonio y yo éramos todo sonrisas cuando llegamos a casa después del viaje a Inmigración. ¡Por fin nos íbamos a Estados Unidos! Sin embargo, primero tendríamos que viajar a Costa Rica y quedarnos allí unas semanas antes de llegar a nuestro destino final.

Durante los fines de semana siguientes a mi cita con Inmigración, visitamos a los miembros de la familia que aún nos hablaban para despedirnos. En la lista estaban Mirta y su familia.

También fuimos al Cementerio Cristóbal Colón en El Vedado para despedirnos de nuestros padres. Esta sería la despedida más difícil de todas.

El antiguo cementerio, construido en 1876, era como un museo al aire libre, con miles de monumentos elaborados en mármol y en costosos granitos italianos, suecos y españoles. Mientras pasábamos por docenas de lápidas, pensé en toda la historia que se escondía aquí. Más de dos siglos.

Debido a su valor histórico, siempre me había gustado venir aquí. Me sentía en paz caminando entre los monumentos y leyendo cada inscripción a lo largo del recorrido. Pero hoy, fue diferente.

No habría más visitas.

Preparándonos

Por fin, llegue a la lápida de mis padres. Mientras estaba de pie frente a su tumba, hablé en voz baja.

—Estoy aquí por última vez, mamá y papá.

Me quedé en silencio un rato. El sol, en lo alto, iluminaba la lápida familiar. Una suave brisa llegó de repente y jugó con mi cabello. Como si notara mi tristeza, Julieta me agarró la mano. La miré y acaricié su cabello corto antes de continuar, pero no antes de una larga exhalación.

—¿Recuerdas cuántas veces, mamá, nos pediste a Laura y a mí que nos fuéramos de Cuba?

Mis emociones rodaron por mi rostro mientras las niñas y Antonio me acariciaban.

—Tenías mucha razón, mamá. ¡Dios mío! Sé que deberíamos habernos ido antes, como nos lo pediste. Pero no podíamos dejarte atrás. Estabas tan enferma al final.

Tuve que hacer una pausa. Era demasiado difícil hablar a través de mis lágrimas. Me tomó un tiempo, pero, una vez más, recuperé la compostura.

—Finalmente, después de tantos años, tus deseos se están haciendo realidad. Laura y sus hijos viven en libertad en los Estados Unidos. Son felices, mamá, como predijiste. Y pronto nos reuniremos con ellos.

Otra larga pausa. Tomé una gran bocanada de aire antes de continuar.

—No puedo agradecerles lo suficiente por todo lo que hicieron por nosotros.

Quería continuar, pero no podía. Era demasiado difícil, increíblemente doloroso.

—Adiós, mamá y papá—les dije.

Preparándonos

Permanecimos de pie junto a la tumba de mis padres durante un rato más antes de comenzar nuestra caminata hacia la salida. No dijimos mucho durante nuestro viaje de regreso a casa.

***

Durante los días siguientes, entre semana, nos quedamos en casa por si venía el funcionario a hacer una lista de nuestras pertenencias. Una vez completado el inventario, tendríamos que salir de la casa ese mismo día y nunca más podríamos regresar.

Pronto nos despediríamos de la casa de la calle Zapote. Este hogar había visto crecer a mis sobrinas e hijas, y conocía nuestros secretos y miedos. Tantas cosas dentro de nuestro hogar me recordaban al pasado: la máquina de escribir donde Tania pasaba horas escribiendo, los perritos decorativos de cerámica que Laura le había comprado a alguien del barrio, las fotos familiares en la pared. Algunas tendrían que quedarse.

El viejo piano de Tania seguía en un rincón de la sala. Tenía muchas teclas rotas, pero mis hijas lo tocaban de vez en cuando. Recuerdo haber visto a los niños reunidos a su alrededor, jugando y cantando. Hicieron que esta vieja casa apuntalada cobrara vida. Gustavo nunca cantó ni tocó el piano. Pero le gustaba burlarse de sus hermanas. Era su manera de demostrar su amor por ellas.

Tania y Lynette se habían memorizado muchas canciones antiguas, de los años en que Laura y yo éramos jóvenes, incluso algunas más viejas y tradicionales. Eran canciones que todo el mundo conocía y hacían llorar a Laura cada vez que las escuchaba, como *Bésame Mucho*. La letra de este tema encajaba con mi estado de ánimo actual.

Bésame, bésame más veces,
Como si esta noche fuera la última vez.
Bésame, bésame más veces,
Porque tengo miedo de perderte, de perderte
entonces.

No estábamos sacando mucho de Cuba, solo las cosas que cabían en una pieza de equipaje. Sara nos dijo que nos llevaría de compras cuando llegáramos a Costa Rica.

A principios de abril, compramos nuestra cuota de alimentos para el mes, las pocas libras de arroz, azúcar y otros alimentos básicos que podíamos comprar a través de la libreta de abastecimiento. Le llevamos la mayor parte de los comestibles a Dulce. No queríamos que la comida se desperdiciara, así que era mejor dejársela a la familia.

Pasaron un par de días. Ya estábamos cerca del inventario. Basamos nuestra estimación en la experiencia de un ingeniero amigo de Antonio que había salido de Cuba recientemente.

Cuatro días después de que compráramos la cuota del mes y se la lleváramos a Dulce, como anticipamos, llegó el esperado día. Eso significaba que saldríamos de Cuba al día siguiente.

Cuando llegó, recogimos nuestras últimas pertenencias, incluidos los cepillos de dientes y algunas fotos tomadas en la casa. No quería poner en peligro nuestro viaje al traer otras fotos.

Preparándonos

Mientras el funcionario de cabello blanco y piel curtida hacía el inventario, nos mantuvimos fuera de su camino. No nos importaba si se robaba algunos de los artículos que dejábamos. Sin embargo, no nos quedaba mucho valor. Uno de los radios que teníamos era antiguo: un viejo de la marca Motorola, con una recepción horrible. También teníamos un radio que Sara le había traído a Antonio desde los Estados Unidos, en la que él y Tania tantas veces escucharon la estación La Voz de las Américas, pero era demasiado grande para que el oficial se lo llevara. Aunque el oficial podría haberse llevado con facilidad uno de los perritos de cerámica de Laura. ¡Dios, cómo amaba ella a esos perritos!

Después de que terminó el inventario, salimos de la casa, le entregamos la llave al oficial y firmamos el papel que nos dio. Luego fuimos a despedirnos de Carmen, la mujer de los CDR. Después de todo, pensé que le debíamos la vida.

Esta vez, Carmen actuó como una tía.

—Espero que todo salga bien y que pronto puedan ver a tu hermana y a sus hijos—dijo y nos dio un abrazo a cada uno de nosotros. Era la primera vez que se mostraba afectuoso con nosotros. ¿Se sentiría culpable por todo lo que su amada revolución nos había hecho sufrir?

Salimos de su casa con nuestra única pieza de equipaje. Antonio la cargó el mismo, ya que era demasiado pesada para mí. Pasaron un par de vecinos, que ya no nos hablaban, así que no nos sentimos obligados a despedirnos.

Luego caminamos como una cuadra hasta el apartamento de un hombre que, por cien pesos, estaba dispuesto a llevarnos a la casa de Dulce en

Preparándonos

Párraga. Era una buena suma, pero el dinero cubano solo valía en Cuba, así que no nos importaba. Durante el viaje, Antonio se sentó en la parte delantera del Chevy del1957 que olía a aceite quemado. Las niñas y yo ocupamos el asiento trasero. Mientras el automóvil se alejaba, vi a Antonio mirando hacia la calle. Yo también contemplé las calles rotas; las casas despintadas y mohosas de estilo colonial, con columnas redondeadas a ambos lados; y la exuberante vegetación que adornaba algunos jardines. Esta sería la última vez que veríamos nuestro querido barrio Santos Suárez. Algo nos decía que nunca volveríamos a este lugar.

Algo me decía que, durante el resto de nuestras vidas, los cubanos de la isla nunca experimentaríamos la libertad. El Partido Comunista no renunciaría fácilmente al poder. Después de veintitrés años, ya dominaban el arte de la represión. Las nuevas generaciones nacidas bajo este sistema nunca conocerían la historia prerrevolucionaria de su país. No sabrían cómo era antes, cuando la gente podía hablar libremente, sin temor a ser encarcelados durante años.

****

Al mediodía llegamos a la casa de Dulce. Sabía que estábamos en camino, y ya tenía el almuerzo preparado para nosotros: frijoles negros, arroz, huevos y aguacate. Todo muy delicioso. Pero después de que terminamos de comer, nos dijo algo que no habíamos previsto.

—No pueden pasar la noche aquí. Deben irse de las 5 p.m.

143

Preparándonos

—¿Pero por qué? —preguntó Antonio.

—Temo por mi familia. Ustedes se van, pero necesito seguir viviendo en este lugar.

Antonio y yo nos miramos sin saber qué hacer. Entonces algo se le ocurrió a Antonio.

—Tengo un amigo que tiene carro, y no vive lejos del aeropuerto. Tal vez podamos quedarnos con él desde las 5 p.m. hasta la medianoche, cuando tengamos que irnos al aeropuerto. De todos modos, tenemos un vuelo temprano.

—Lo siento, mi hermano. Si las cosas fueran diferentes...

—No te preocupes. Entiendo. Has hecho más que suficiente por nosotros. Saldremos de su casa antes de las 5 p.m.

Esa tarde, Antonio llamó a su amigo Hernán, un ingeniero con quien trabajó hasta 1980, y a una de las personas de nuestro círculo de amigos de confianza. Antonio se ofreció a pagarle cien pesos, pero él se negó a aceptar el dinero.

Antes de irnos, cuando Antonio abrazó a Dulce para despedirse, ella se convirtió en un mar de lágrimas. Le hacía honor a su nombre, ya que era realmente dulce, y me dolió verla en tal conflicto y atormentada.

—Me siento tan mal al hacer que se vayan— nos dijo.

—Dulce, no te sientas así—le contesté. Entonces susurré—. Esto es lo que hacen aquí. Dividir a las familias y llenar a la gente de miedo. Pero hemos vivido dentro del monstruo y lo entendemos. No tienes otra opción.

Después de despedirnos de Dulce y su familia, el amigo de Antonio nos llevó a su apartamento.

Preparándonos

Tenía una habitación libre, así que nos dividimos entre su sofá y el cuarto. Antonio se quedó en el sofá y las niñas durmieron conmigo en la habitación de huéspedes.

Estuvimos allí hasta la medianoche. Luego, el amigo de Antonio nos llevó al Aeropuerto Internacional José Martí, ubicado en Rancho Boyeros en La Habana.

Pensé que después de poner un pie en el aeropuerto, todos nuestros problemas habrían terminado.

Pero esto no podría estar más lejos de la verdad.

Capítulo 34

Primer vuelo

Berta

Nunca habíamos volado antes. Pero aquella mañana en el aeropuerto de La Habana no era el miedo a volar lo que me tenía el corazón acelerado. Todos estábamos nerviosos mientras esperábamos en la pecera para abordar el avión que nos llevaría a Costa Rica. Era un área cerrada con grandes cristales a la que solo podían acceder los pasajeros. Estaba repleta de familias como la nuestra. Reconocí a algunas que había visto en el edificio de inmigración.

Fuera del área cerrada, la gente se detenía junto al vidrio y observaba a sus familiares dentro. Era como si trataran de grabar ese momento en sus mentes para siempre. Nosotros no teníamos parientes del otro lado, pero entendíamos por qué no habían venido a despedirse.

Antonio movía las piernas nerviosamente y jugaba con los dedos. Las niñas estaban intranquilas.

Era abril de 1983. Los tres años transcurridos desde la partida de Laura se habían sentido como tres décadas.

—¿Vamos a ver pronto a tía Laura? —preguntó Mónica.

Primer vuelo

Tenía miedo de darle falsas esperanzas. ¿Y si algo volvía a suceder?

—Vayamos paso a paso, ¿de acuerdo? —le respondí.

Mónica asintió. Había estado más callada de costumbre desde que Laura se fue. Yo sabía cuánto la quería, probablemente más de lo que me quería a mí.

Cuando nació, Mónica fue enviada a casa antes que yo, y Laura tuvo que cuidarla. Durante el tiempo que los médicos me retuvieron en el hospital, ellas crearon un vínculo especial. Tuvieron que volver a operarme porque, después de la cesárea, descubrieron que habían dejado dentro una porción de la placenta.

Mientras tanto, aquel lazo entre Laura y mi hija se volvía indestructible.

Mónica no sabía que, justo antes de que el médico me llevara al quirófano para la cesárea, le dije a la mujer en la cama de al lado:

—Si me muero, por favor dile a mi hija cuánto la quiero.

Someterse a una cirugía en un hospital cubano era peligroso. Las operaciones requerían un ambiente estéril, médicos con las herramientas adecuadas y antibióticos disponibles, pero el sistema de salud de la isla no estaba exento del deterioro que afectaba a todo el país.

En aquellas condiciones, no me sorprendió que dejaran parte de la placenta dentro de mí, ni que luego contrajera una infección.

Los médicos tardaron más de un mes en darme el alta.

No sé cómo logré salir con vida de aquel hospital. Todavía estaba débil cuando llegué a casa, así que Laura tuvo que seguir ayudándome a cuidar a Mónica.

Podía ver cómo Mónica miraba a Laura. No era la mirada de una sobrina hacia su tía, sino la de una hija hacia su madre.

Y lo entendía.

Laura no solo se preocupaba por ella; era puro amor. Cuando Laura le sonreía, el amor le brotaba de los ojos a mi hija mayor.

Mónica nunca me miró de esa manera.

Me dolía. Claro que sí.

La traje al mundo y casi muero por ella. Pero yo no podía ser como Laura. Alguien tenía que ser la fuerte.

La misma persona que tuvo que tomar la mano de mi madre cuando ella estaba muriendo en un hospital, luchando por respirar, porque Laura no podía soportar verla así. Vivió arrepentida de no haber estado con mi madre cuando exhaló su último aliento.

Pero fui yo quien tuvo que revivir ese momento una y otra vez durante el resto de mi vida.

También fui yo quien decidió colocar a mi padre en un asilo de ancianos. Laura nunca habría podido tomar esa decisión.

Miré el reloj en la pared. Nos acercábamos a la hora de abordar.

Mis manos estaban húmedas y tenía un nudo en la garganta.

Antonio y yo no habíamos hablado mucho desde que llegamos al aeropuerto. No quería hacer planes. Resolveríamos cada situación cuando se presentara.

Si algo había aprendido en los últimos tres años era que los planes no importaban mientras permaneciéramos en Cuba. El gobierno podía destruirlos en un instante.

Había aprendido a temer lo que podían hacernos. No solo a nosotros, sino también a cualquier familia como la nuestra.

De repente, llamaron a uno de los pasajeros a la recepción. Contuve la respiración mientras observaba lo que ocurría.

El hombre tuvo que abrir su equipaje y sacar una Virgen de la Caridad que parecía de oro.

Se la confiscaron allí mismo.

Finalmente comenzó el embarque.

Estábamos un paso más cerca de nuestro objetivo.

Mi corazón latía con tanta fuerza que casi podía oírlo.

Respiré hondo. Tenía que mantener la calma.

Cuando se abrió la puerta que daba a la pista y comenzamos a caminar hacia el avión, sentí que se me doblaban las piernas.

Me aferré a Antonio.

—¿Estás bien? —me preguntó.

No lo estaba.

Estaba a punto de llorar, pero no quería que él ni las niñas lo supieran.

Asentí con la cabeza. Sabía que si hablaba, las lágrimas correrían por mi rostro.

¿Qué me estaba pasando?

Se suponía que yo fuera la fuerte, y sin embargo estas experiencias me estaban destrozando.

Primer vuelo

Comenzamos a subir las escaleras hacia la cabina del avión. Julieta iba delante de mí; Mónica, delante de Antonio.

Mis piernas se sentían pesadas.¡ Ya casi estábamos dentro! Un último paso y, finalmente, entramos. Nadie había venido a buscarnos. Nadie nos había detenido, pero aún había tiempo para hacerlo antes del despegue.

Nos sentamos en silencio. Desde el otro lado del pasillo, Antonio y yo intercambiamos miradas. Debió notar el miedo en mis ojos porque, cuando pasó un pasajero, me tomó la mano y la apretó suavemente.

—Estaremos bien —dijo.

No le creí. Todavía no.

Podía sentir el terror creciendo dentro de mí. El miedo a que alguien entrara al avión y obligara a uno de nosotros a salir.

Dios mío, ayúdanos. Por favor, mantén unida a nuestra familia.

Poco a poco los asientos a nuestro alrededor se fueron llenando.

Entonces la puerta de la cabina se cerró.

El avión permaneció inmóvil durante unos minutos.

¿A qué estaban esperando?

Julieta miraba todo con curiosidad.

—Este es un avión grande con mucha gente —dijo—. ¿Cómo puede despegar del suelo?

—Nunca he volado —le dije—. Pero leí que tiene que correr muy rápido por la pista hasta que la fuerza de elevación sea mayor que la gravedad.

Le acaricié el cabello, que aunque todavía corto, ahora formaba pequeños rizos en las puntas.

Primer vuelo

—¿Gravedad? —preguntó.

—Todavía no has estudiado eso. Es la fuerza que atrae los cuerpos hacia el centro de la Tierra.

—Oh —respondió, como si hubiera entendido. Le di un beso.

Luego miré hacia Mónica, que estaba sentada junto a su padre. La vi frotarse los brazos.

—Mónica, ¿tienes frío?

—Solo un poco.

Antonio la rodeó con el brazo. No hacía tanto frío en el avión, así que entendí que probablemente estaba asustada.

De repente, el avión comenzó a alejarse de la puerta.

Era una buena señal.

Ya no podían sacar a nadie.

¿O sí?

Finalmente llegamos a la pista. El avión se detuvo unos segundos más antes de empezar a ganar velocidad.

Tomé la mano de Julieta para que no se asustara.

El avión aceleró hasta despegar.

Ahora estábamos en el aire.

Miré por la ventana y observé la tierra hasta que desapareció y solo quedó el inmenso mar.

—Mami, ¿por qué lloras? —preguntó Julieta.

—No es nada, mi amor —le dije suavemente—. No es nada.

Capítulo 35

Parada inesperada

Berta

Miré alrededor de la cabina del avión que nos llevaría a Costa Rica. Varios pasajeros derramaban lágrimas. Me pregunté cuántas historias de amor y pérdida encerraba este avión. ¿Alguien sabría alguna vez qué nos pasó mientras vivíamos en Cuba? La voz de Antonio interrumpió mis pensamientos.

—¡Lo logramos, Berta! —dijo—. ¡Finalmente, salimos de aquel infierno!

Agarró mi mano del otro lado del pasillo y la apretó.

—¡Lo logramos! —le respondí tratando de replicar su felicidad.

No estaba contenta. Todavía no. No lo estaría hasta que pusiéramos un pie en suelo estadounidense. Solo entonces me sentiría segura. Solo entonces, habría cumplido la promesa que le hice a mi madre.

Extrañaba a mis padres. Y sabía lo que pasaría con sus restos ahora que ya no estaba en Cuba para pagar las cuotas anuales. El gobierno haría que un trabajador los sacara de la tierra y los colocara en una fosa común. El gobierno de Castro ni siquiera podía permitir que los muertos descansaran en paz.

—¿Por qué lloras? —preguntó Antonio—. Deberías estar feliz.

Asentí con la cabeza. Tal vez me había vuelto más parecida a Laura desde que se fue. Pensé en nuestro futuro. En dos horas, aterrizaríamos en Costa Rica. Eso fue lo que pensé al principio, sin embargo, después de casi dos horas de vuelo, el piloto hizo un anuncio inesperado. Estaríamos aterrizando en Nicaragua. Nos explicó que necesitábamos combustible, pero no le creí, especialmente después de que todos los pasajeros fueran sacados del avión por guardias armados con armas largas.

Yo estaba temblando. ¿Qué estaba pasando *realmente*?

Nos colocaron en una pequeña habitación sin aire acondicionado. Casi de inmediato, comenzamos a sudar. Se sentía muy húmedo adentro, y la cantidad de personas congregadas en el salón empeoraba aún más las condiciones.

—Tengo sed —dijo Julieta.

No tenía agua para darle. Esperaba que nos dejaran salir pronto de este lugar.

Tuve que quitarles a las niñas los suéteres ligeros que llevaban puestos. Entonces, le pregunté a uno de los guardias qué estaba pasando para confirmar la declaración del piloto.

—Están repostando —dijo. Eso me hizo sentir un poco mejor.

—¿Cuánto tiempo más? —añadí.

—Un poco más —respondió.

No me sentía cómoda.

Parada inesperada

En 1981, Daniel Ortega y su gobierno socialista habían tomado el poder en Nicaragua. Acababan de terminar la Reforma Agraria, el primer paso en la nacionalización de la industria. Acabábamos de salir de Cuba para ir a un lugar que parecía la Cuba de la década de los sesenta, al comienzo de la revolución castrista.

Era como retroceder en el tiempo.

No quería estar allí ni un minuto más. Miré a Antonio. No parecía tan preocupado como yo.

—¿No se están tardando demasiado? —le pregunté como si supiera cuánto tiempo se suponía que iba a durar ese proceso.

—Bueno, no sé cuánto tiempo tomará, pero estoy seguro de que todo estará bien.

¿Me estaría diciendo lo que creía, o era su manera de tranquilizarme?

—¡Mami, tengo mucha sed! —dijo Julieta.

Guardias armados seguían apostados junto a la puerta principal. No tuvimos más remedio que esperar.

—Saldremos de aquí pronto —le dije y forcé una sonrisa.

Momentos después, noté movimiento fuera de la puerta. Entonces escuché unas voces que no pude descifrar. Uno de los hombres armados anunció: —Ahora van a regresar al avión.

Capítulo 36

Llegada

Berta

Mientras estuvimos en el Aeropuerto Internacional José Martí, en La Habana, vi a una mujer a quien había conocido mientras esperaba en la fila de inmigración. Se llamaba Lilia. Tenía dos hijas como yo, pero su marido no estaba en su vida. No tuvimos tiempo de entrar en detalles. Además, ¿por qué iba a decirle algo tan privado a alguien que acababa de conocer?

Antes de abordar el mismo vuelo que yo, me contó que su hermano, quien residía en Costa Rica, la esperaba en el aeropuerto de San José para llevarla a Heredia, la ciudad donde vivía.

—Si necesitas ayuda cuando lleguemos a Costa Rica, házmelo saber. Mi hermano ha estado viviendo allí durante algunos años y puede ayudarte —dijo.

Le di las gracias. Sin embargo, Sara ya había arreglado que una mujer llamada Lola nos recogiera en el aeropuerto y nos llevara a nuestro hotel en San José. Allí nos alojaríamos un par de noches hasta que pudiéramos alquilar un apartamento.

Pensé que después del corto vuelo entre Nicaragua y Costa Rica, me sentiría mejor, pero desde que aterrizamos en el Aeropuerto Internacional

155

Juan Santamaría y pasamos por la aduana, me sentí muy nerviosa.

Había mucha gente yendo y viniendo. No sabía cómo íbamos a encontrar a Lola, alguien a quien no conocíamos, ni cómo ella nos reconocería.

La mayoría de las personas que volaron con nosotros tenían familiares que los esperaban en el aeropuerto. Sonrisas y brazos abiertos los esperaban.

Nadie nos estaba esperando.

Me sentía tan sola... Había buscado entre las personas que llevaban carteles, pero no vi a nadie con nuestros nombres. Antonio y yo nos miramos. No teníamos dinero. ¿Qué íbamos a hacer?

Me derrumbé, y me puse a llorar. Estaba en un país extranjero con dos hijas pequeñas, y nadie que pudiera ayudarme. Momentos después, una mujer se me acercó. Era Lilia, la pasajera que había conocido en Inmigración.

—Berta, ¿estás bien? —me preguntó.

Hice un gesto negativo con la cabeza.

—No, no lo estoy. Busco a alguien llamado Lola. Se suponía que vendría a recogernos, pero no la encuentro. La hermana de Antonio había arreglado que nos llevara a nuestro hotel. Ella tiene toda la información. Ni siquiera sé en qué hotel.

Hablé rápido, sonando angustiada. Luego me sequé las lágrimas.

—Escucha —respondió Lilia—. Te dije que te ayudaría, y lo haré. Mi hermano nos va a llevar a Heredia a mis hijas y a mí. Puedes venir con nosotros, y luego tu familia puede recogerte allí.

No sabía dónde estaba Heredia en ese momento. Imaginé que estaba a una hora o más de San

José, no a siete millas. Eso me ponía nerviosa. Además, solo había visto a Lilia una vez antes y ahora, durante nuestro vuelo. Yo no la conocía. No conocía a su hermano. Cualquier cosa podría pasar.

Pero, de nuevo, ¿qué otra opción tenía?

Tragué en seco.

—Supongo que podríamos ir contigo —dije con vacilación mientras miraba a Antonio. Se encogió de hombros. Luego agregué: —Pero realmente no quiero molestarte.

—No te preocupes —dijo con una sonrisa amistosa—. Mi hermano estará encantado de ayudar.

Acompañamos a Lilia fuera del aeropuerto. Esto no se sentía bien. ¿Cómo podría confiarle mi familia a un extraño? Sara me había contado historias de terror sobre el tráfico de personas. Y ahora, habíamos acordado salir del aeropuerto con gente que no conocíamos.

Tenía las manos húmedas y la boca seca. Volví a mirar a Antonio. Parecía más confundido que nervioso.

De repente, escuché una voz femenina.

—¡Antonio!

Nos dimos la vuelta y vimos a una mujer con un cartel. Leímos el nombre de Antonio. Sentí como si mi alma hubiera regresado a mi cuerpo cuando ella agregó: —Soy Lola.

—Ay, Lola. Gracias a Dios, estás aquí —dije, sonando tan aliviada como me sentía.

Antes de acompañar a Lola, le agradecí a Lilia su amabilidad.

—Te deseo suerte —dijo antes de alejarse.

Llegada

La suerte no era la que nos esperaba en Costa Rica.

—¿Cómo nos encontraste? Le pregunté a Lola mientras caminábamos hacia su auto.

—¡Son fáciles de identificar! Sara describió bien a su familia. Un tipo muy alto, con gafas y pelo oscuro, una mujer bajita y dos hijas de unos siete y nueve años. Era fácil reconocerlos.

—Definitivamente, nos describió bien —dije con una sonrisa.

Unos veinte minutos después, Lola nos dejó en nuestro hotel. Habló con el gerente, y le explicó que Sara, la hermana de Antonio, llegaría al día siguiente para pagar la cuenta. El dueño estuvo de acuerdo.

Por un momento, pensé que me había equivocado, que podía relajarme un poco ahora que estábamos en Costa Rica, pero nuestros problemas estaban lejos de haber terminado.

Capítulo 37

Costa Rica

Berta

El 4 de abril de 1983, en la mañana de nuestra llegada a Costa Rica, hubo un terremoto en San José. Así que, cuando abrimos la puerta de nuestra habitación del hotel, la cama estaba llena de arena. Luego notamos los azulejos rotos en el suelo del baño.

La gente hablaba de posibles réplicas, pero todo el mundo seguía con sus vidas como si nada hubiera pasado.

Lola regresó al hotel unas horas después para llevarnos a cenar a su casa.

Antonio, que era el más alto de todos nosotros, se sentó a su lado, con las niñas y yo en el asiento trasero.

—Me enteré del terremoto —dije mientras ella comenzaba a alejarse.

—Fue bastante grande —respondió Lola—. No te preocupes por eso. Te espera una deliciosa cena que te ayudará a olvidarte del terremoto: arroz amarillo y pollo, plátanos maduros fritos y una ensalada con tomates, lechuga y aguacate.

—Me gusta mucho el arroz amarillo y el pollo —dijo Julieta—. Mamá no nos daba pollo casi nunca, así que casi siempre comíamos arroz con huevo o chícharos.

Acaricié la cabeza de Julieta y miré a Mónica, sentada junto a la ventana, al lado de su hermana. Mónica se quedó callada mirando hacia las calles. Podía ver la razón de su curiosidad. Si no hubiera estado tan nerviosa, el arquitecto que hay en mí, habría examinado la naturaleza ecléctica de la ciudad; la variedad de edificios precoloniales, poscoloniales y modernos, todos bien conservados.

Mis nervios seguían a flor de piel.

Después de tantos años viviendo en lo que se había convertido en nuestra cárcel, no sabía cómo actuar ni qué decir. Era como si una pequeña parte de mí se hubiera quedado atrás. Todavía no podía creer que hubiéramos podido salir.

Otra sorpresa llegó después de que todos nos sentamos a la mesa del comedor de Lola y miramos los gloriosos manjares frente a nosotros.

Ver la abundante comida y probar el arroz, perfectamente cocido y sazonado con especias que no probábamos desde hacía años, me abrumó. Durante una animada conversación, me comí la mitad de lo que Lola me había servido. A pesar de lo sabroso que estaba, no podía seguir comiendo.

—¿No te gusta? —preguntó Lola.

Oriunda de Oriente, Cuba, Lola aún conservaba el acento y la maravillosa simpatía tan propios de la gente de esa provincia. Me sentí como si la conociera de toda la vida. Inhalé después de que me hiciera la pregunta.

—Lola, no sabes cuánto tiempo ha pasado desde que comimos arroz amarillo y pollo con el sabor de éste —le dije.

Costa Rica

Mis ojos brillaban con lágrimas.

—Habría dado mi brazo derecho para poder alimentar a mis hijas con un plato tan sabroso — agregué.

—No tienes que estar triste ni llorar, Berta. ¡Tu pesadilla ha terminado! Entiendo lo que estás sintiendo. No me malinterpretes. Eso le pasa a mucha gente después de salir de Cuba. Incluso, les ha pasado a muchos de mis amigos.

Me sonrió. Su esposo, quien había nacido en Costa Rica, me dijo: —No te preocupes. Come lo que quieras comer y di lo que quieras decir. Aquí las cosas son diferentes.

—Amén, hermano —dijo Antonio levantando su cerveza en el aire.

Antonio nunca bebía, pero hoy era una ocasión especial.

—Un brindis por la libertad —dijo Antonio.

—¡Qué un día Cuba sea libre! —respondió Lola.

Sonreí, pero no pude repetirlo.

Después de cenar, Lola nos llevó a un centro comercial japonés. Mientras caminábamos por el concurrido lugar, miré con asombro hacia las tiendas. A diferencia de Cuba, donde ciertas tiendas estaban restringidas a los turistas, cualquiera podía entrar en ellas. Así que no me sentía como una ciudadana de segunda clase, como en mi país.

Después de un corto paseo por el centro comercial, su belleza, sus sonidos y sus maravillosos aromas me abrumaron. Sentí que me iba a desmayar, y tuve que agarrarme de Antonio.

—¿Estás bien? —preguntó Lola.

161

—Me siento un poco mareada. Esto es tanto, tan pronto.

—Mami, antes de irnos, ¿podemos comprar un chicle? —preguntó Julieta.

Cuando la gente de Estados Unidos comenzó a visitar Cuba en 1979, les traían chicle a los niños cubanos. Durante aquellos años, era muy popular. Fue la primera vez que las niñas lo probaban. Julieta debió haberse imaginado que estaría disponible en un lugar como este.

—Julieta —le dije y la miré fijamente.

No tuve que decir mucho más. Ella sabía a lo que me refería.

—Deja que la niña sea niña —dijo Lola—. Sí, mi amor, te compraré un chicle antes de llevarlos al hotel. Deben estar muy cansados.

Tenía razón. Un poco de descanso me vendría bien. Lo necesitaría, sobre todo con lo que me esperaba al día siguiente.

Capítulo 38

Buscando vivienda

Berta

Sara llegó, como estaba previsto, el martes 5 de abril. Cuando Antonio vio a su hermana por primera vez en tres años, pude notar su nerviosismo mientras se abrazaban. Casi nunca lloraba, pero su rostro se enrojecía en momentos emotivos, como el nacimiento de nuestras hijas y ahora, durante el encuentro con su hermana.

Sara solo había pagado por una noche de estadía porque Lola le había dicho que no tendríamos problemas para encontrar un apartamento de inmediato. Así que saldamos la cuenta de la habitación, y luego fuimos a desayunar en el hotel.

Antonio fue muy hablador con su hermana durante el desayuno, tan diferente a la forma en que se comportaba en casa cuando apenas quitaba los ojos de sus libros. La mayoría de ellos se habían quedado atrás, excepto dos que Sara había sacado de Cuba durante su última visita a la isla. Esos dos lo esperaban a nuestra llegada a los Estados Unidos.

Después de un rato, me di cuenta de que Julieta solo se había tomado su leche. No había tocado nada más.

—¿Qué te pasa? —le pregunté—. Tienes que comer el resto de la comida.

—No puedo —dijo.

—¿Por qué?

—Es difícil abrir la boca.

Le toqué los lados del cuello. Entonces miré a Antonio.

—¡Julieta tiene paperas! —dije.

—¿Paperas? ¿Estás segura?

Asentí con la cabeza.

—Las tiene. Lynette tuvo papel cuando tenía más o menos la misma edad. Todavía me acuerdo.

—¿Qué vamos a hacer? —preguntó.

—Voy a monitorear sus síntomas. No tenemos seguro, así que tendremos que averiguar qué podemos hacer. Primero, busquemos un lugar para vivir. Tu hermana no puede seguir pagando hoteles. Un apartamento sería mucho más barato. Por día, quiero decir.

Sara me dejó en el lobby del hotel con las niñas, mientras ella y Antonio se fueron a buscar alojamiento. Mientras esperaba, pensé en todo lo que ella había hecho por nosotros. Todo lo que seguía haciendo. ¡Qué mujer tan ingeniosa! Ella y su esposo comenzaron desde cero después de salir de Cuba, como todo inmigrante, y ahora tenían un negocio exitoso en la distribución de alimentos. Aun así, no estaba obligada a hacer tanto por Antonio. Lo hizo por sentido del deber, porque siempre vio a Antonio como un hijo, no como un hermano.

Miré a Julieta y sus labios se contrajeron. Se veía pálida y triste. Si tan solo tuviera una cama donde ella pudiera descansar. El sofá del vestíbulo de este hotel debería ser suficiente.

Buscando vivienda

El empleado no dejaba de mirarnos. Temía que nos sacara del hotel si Antonio y su hermana no regresaban pronto.

Cada minuto parecían horas.

Eran las once de la mañana cuando Antonio y Sara regresaron.

Fue entonces cuando me fijé en el elegante aspecto de Sara: sus gafas oscuras, el pelo corto, peinado en un salón, los pantalones marrones perfectamente planchados y su blusa blanca bordada.

—¿Encontraron un lugar? —les pregunté mirándolos con ansiedad.

—No. Nadie nos quiere alquilar —dijo Antonio—. Les traje un poco de jugo a las niñas y un almuerzo para ti y Mónica. Volveremos a salir ahora y seguiremos buscando.

—Alguien me había recomendado el edificio Furgerson —agregó Sara—. Hubiera sido un lugar ideal. Muy céntrico, pero nos dijeron que no tenían disponibilidad.

—Espero que encuentren algo pronto —les dije.

Una vez más, me dejaron en el lobby del hotel. Buscaban en la zona más cercana al hotel porque estaba cerca de la embajada. Los alquileres en la zona también eran más bajos. Más tarde, me enteré de que el hotel y sus alrededores se encontraban en una *zona roja* donde las prostitutas campaban libremente por las calles. No teníamos otra opción. Solo sería por uno o dos meses, mientras Sara hacía su magia en la Embajada de Estados Unidos en San José.

—No me siento bien, mami —dijo Julieta, y apoyó su cabecita en mi hombro.

165

—Lo sé, mi amor.

Verla tan infeliz me dio ganas de llorar. Me sentía inútil. Estaba acostumbrada a resolver problemas, pero no sabía nada de este lugar.

Mónica y yo almorzamos. Julieta apenas tocó el jugo. Al cabo de un rato, le llevé la mano a la frente. Tenía fiebre. *¡Ay, Dios mío, ¡no estaba preparada para esto!*

Podía sentir las lágrimas burbujeando en mis ojos, hasta que ya no pude controlarlas. Lloré un rato con la cabeza agachada. Así que no me di cuenta cuando un anciano se acercó a nosotras.

—Señora, ¿está bien? —preguntó.

Levanté la cabeza, y miré al caballero de pelo blanco frente a mí. Me fijé en sus amables ojos marrones y en la camisa blanca almidonada.

—No, no estoy bien. Acabo de llegar de Cuba. Mi hija está enferma y nadie nos alquila un apartamento.

—¿En serio? —preguntó—. ¿Has averiguado en el edificio Furgerson?

—Fue uno de los primeros lugares en los que mi esposo investigó —respondí.

—Trabajo aquí en la oficina, pero vivo allí. Sé de un apartamento que acaba de vaciar. La dueña es mi amiga. Déjame llamarla. Vuelvo enseguida.

Me preguntó mi nombre antes de irse. Regresó diez minutos después con una sonrisa.

—¡Lo sabía! —dijo—. Ella tiene un lugar disponible.

Me invadió una sensación de alivio.

—No sabe lo que eso significa para mí. Ahora debo esperar a que mi esposo y su hermana regresen.

Buscando vivienda

—Mi nombre es Juan —dijo—. Esta es mi tarjeta. Tiene los números de mi casa y el de aquí. Pregunten por Onelia cuando lleguen. Ella los está esperando. Si tienes alguna pregunta, házmelo saber.

—Usted debe ser un ángel —le dije secándome las lágrimas.

Sonrió.

—Tengo hijas de su edad. No me gusta verlas llorar. Me las recuerdan a ellas.

Juan regresó a su trabajo. Estaba ansiosa por que Sara y Antonio regresaran.

Cuando volví a ver sus rostros, ya habían pasado dos horas más. Sus expresiones angustiadas me lo dijeron todo. Antonio se secó el sudor de la frente.

—Nada —dijo con frustración.

—Tenía tantas ganas de que regresaran —les dije—. Tengo una pista. Alguien que trabaja aquí me habló de un apartamento que acaba de vaciar en el edificio Furgerson.

—¡Estuvimos allí! —contestó Antonio.

—Tener conexiones es importante. Eso podría cambiar las cosas —respondí.

—Bueno, vámonos entonces —le dijo Antonio a Sara.

—Antonio, ¿por qué no te quedas con las niñas? Esta vez, iré con tu hermana.

No le dije lo que pensaba. Pocas personas podían decirle que no a una madre desesperada. Y yo estaba desesperada.

Antonio accedió a quedarse, y Sara y yo tomamos un taxi hasta el edificio Furgerson. Fuimos a la oficina, y preguntamos por Onelia, como nos indicó

Juan. El empleado me pidió que esperara, y regresó con una mujer de mediana edad.

—Buenas tardes —dijo ella.

—Buenas tardes. Juan habló con usted. Me dijo que tiene un apartamento disponible. Lo necesitaremos durante un par de meses.

—Pagaré por adelantado los dos meses —dijo Sara.

Nos miró con dudas.

—¿Dónde están vuestros maridos?

—El esposo de mi cuñada no está en la ciudad. El mío se quedó en el hotel con mis hijas. ¿Por qué lo pregunta?

—Veo mujeres que vienen aquí todo el tiempo, se enamoran de un apartamento y luego a sus maridos no les gusta.

—Nuestros maridos no están pagando. —El apartamento lo pagaré yo —dijo Sara con convicción—. ¿Sería tan amable de enseñárnoslo?

—Uhm... Está bien. Déjeme conseguir las llaves.

Nos dio un recorrido por el apartamento amueblado del primer piso. Tenía unas sábanas blancas impecables. Casi lloré cuando las vi. Si Julieta pudiera acostarse y descansar sobre estas hermosas sábanas.

—¿Te gusta? —preguntó Sara. *¿Qué si me gustaba?* Entonces entendí que sus estándares eran mucho más altos que los míos.

—Sí, pero no sé si el precio es aceptable para ti.

Onelia le dijo el precio.

—Pagaré en efectivo —respondió.

Buscando vivienda

—¿Estás segura de que no quieren que sus maridos lo vean?

—¡Estoy absolutamente segura! —dijo Sara. Regresamos a la oficina donde Onelia recibió el pago y nosotras, recibimos las llaves. Yo estaba como en las nubes. ¡Estaba ansiosa por decírselo a Antonio!

Capítulo 39

Complicaciones

Berta

Esa noche, Sara había querido llevarnos a cenar, pero la enfermedad de Julieta lo cambió todo. Por lo tanto, Sara y Antonio compraron comida en una cafetería local y la trajeron a nuestro apartamento.

Comimos *Casado*, un delicioso plato tradicional que incluía chuletas de cerdo salteadas con cebolla caramelizadas, frijoles negros, arroz blanco y una ensalada de lechuga y tomate. El olor a cebolla y las chuletas de cerdo bien sazonadas recorrieron todo el apartamento cuando destapamos el recipiente.

Al igual que en nuestro primer día en San José, comimos como no lo habíamos hecho en años. Me sentía como de la realeza. Solo deseaba que Julieta también hubiera podido disfrutar del festín. Antonio le trajo un par de latas de refresco de limón, y yo le daba pequeños sorbos con hielo cada quince minutos para que no se deshidratara.

Una hora después de la puesta del sol, Sara regresó a su hotel. Antonio y yo esperábamos dormir bien aquella noche en nuestra habitación tan limpia y acogedora.

Complicaciones

Me alegré cuando vi a Julieta acostada sobre las sábanas blancas de su camita. No había visto sábanas como esas desde principios de la década de 1960. Mi angelita se veía tan cansada durmiendo en posición fetal. Mónica dormía en la cama contigua a la de su hermana, con el rostro hacia la pared. Pensé que tal vez después de unas horas de sueño, Julieta comenzaría a sentirse mejor.

Alrededor de la medianoche, alguien me tocó el hombro varias veces. Abrí los ojos. Podía oír a Antonio roncando a mi lado, así que no era él. Volteé la cabeza y vi a Julieta de pie frente a mí, envuelta en sus sábanas blancas.

—No me siento bien, Mami —dijo—. Tengo mucho frío.

Rápidamente me senté en la cama y le toqué la frente. ¡Estaba hirviendo!

Me incorporé en la cama.

—¡Antonio, despierta! Tenemos que llevar a Julieta a un hospital. ¡Tiene fiebre alta!

Antonio bostezó.

—¿Qué? ¿Qué?

Repetí mi declaración, y me levanté de la cama. Unos quince minutos después, todos salimos corriendo del apartamento para buscar un taxi. Hacía frío afuera, tal vez en los sesenta grados, mucho más frío que en Cuba en esa época. Así que envolvimos a Julieta en sábanas blancas.

El tráfico ahora estaba más ligero a lo largo de la avenida. Varias mujeres paradas en la acera trataban de llamar la atención de los conductores levantando sus faldas cortas o tocándose los senos. No era el lugar ideal para estar a estas horas de la noche.

Complicaciones

Un par de mujeres se fijaron en Julieta, que parecía un fantasma parado en la acera. Se apresuraron hacia nosotros.

—¿Tu hija está bien?

Me fijé en sus atuendos diminutos y en su maquillaje exagerado.

—Mi hija tiene fiebre alta. Necesito llevarla a algún lugar, pero somos de Cuba y no conocemos a nadie aquí.

—Ay, cariño —dijo una de ellas—. No te preocupes. Mira, hay una clínica cerca, pero no debes caminar hasta allí con una niña enferma, y menos aún a estas horas. Tengo una hija. Sé cómo son las cosas. Déjame detener un taxi, y decirle al conductor a dónde llevarte.

En cualquier otro momento, habría juzgado a mujeres como éstas, como lo hacía cuando las veía en el Malecón de La Habana tratando de llamar la atención de los turistas. No podía creer que estas mujeres de la noche me estuvieran ayudando.

Abracé a Julieta con fuerza mientras esperábamos en la acera.

—Hace frío —dijo Julieta. Estaba temblando.

Por fin, un taxi se detuvo. Una de las mujeres le dijo al conductor a dónde llevarnos.

Después de un corto viaje, el conductor nos dijo cuánto sería la tarifa en *colones*, la moneda costarricense. Por suerte, Sara había cambiado algunos dólares a la moneda local, y nos dejó algo de dinero para emergencias. Al llegar, me apresuré con las niñas hacia la entrada de la clínica, mientras Antonio se quedó atrás para pagarle al conductor.

No tuvimos que esperar mucho para que el médico viera a Julieta. Este confirmó que tenía paperas. Necesitábamos dejar que la enfermedad siguiera su curso.

—Necesita descansar, beber mucho líquido y tomar estas pastillas para controlar la fiebre. Son para adultos, pero esto es todo lo que tengo.

Regresamos exhaustos al apartamento. Al menos, ahora teníamos medicamentos contra la fiebre.

Por la mañana, la fiebre de Julieta se había disipado. Así que Sara nos llevó a todos a la Embajada de los Estados Unidos en San José para finalizar el papeleo requerido.

—La entrada oficial les llegará en un par de meses —dijo el funcionario.

—Le agradecería que acelerara el proceso, por mis hijas. Mi cuñada debe regresar a los Estados Unidos. Quedarse aquí le resultaría muy caro.

—Lo entiendo y haré lo mejor que pueda —dijo.

Le agradecí su comprensión. Al menos, el proceso seguía avanzando.

Capítulo 40

Mis Recuerdos

Julieta

Mis recuerdos comienzan cuando tenía seis años. Fue entonces cuando me enteré de la naturaleza temporal de mi mundo.

—No te acerques a nadie. Un día nos iremos —eso fue lo que me dijeron mis padres.

En ese entonces, no entendía el por qué. Habían hecho todo lo que estaba en su poder para protegerme de su realidad, pero yo era muy perceptiva. Tanto Mónica como yo sentimos una energía nerviosa que irradiaba de mis padres. Incluso, cuando no sabían que estábamos cerca de ellos, o cuando pensaban que estábamos distraídas jugando con nuestros pocos juguetes, tanto Mónica como yo sentíamos su tensión y ansiedad.

Iba a la escuela todos los días y estudiaba mucho en casa. Obtuve excelentes calificaciones porque mis padres se sentaban conmigo todas las noches para repasar la tarea. Aquellos eran de los pocos momentos en que mi padre no leía sus libros y se concentraba solo en nuestra educación. Siempre enfatizó que su obligación era poner comida sobre la mesa, y la nuestra, estudiar y convertirnos en buenas ciudadanas.

Mis Recuerdos

En la escuela, cuando terminaba mis tareas, mis maestros me pedían que ayudara a los demás. Eso me hizo sentir valiosa e importante. Esperaba con ansias los domingos. Nunca nos quedábamos en casa ese día. Mami y Papi siempre tenían planes. Nos llevaban a disfrutar de un helado a Coppelia, o al Parque Lenin, uno de mis parques favoritos en La Habana. Más tarde, me enteraría de que Lenin no era la persona favorita de mis padres. Aprendí que el mundo era un lugar peor debido a sus ideas comunistas, que persistieron, incluso después de su muerte.

En el Parque Lenin vendían perros calientes y africanas. Nunca había comido perros calientes. Al principio temía probarlos porque el nombre no era particularmente atractivo. Me encantaban los perros, aunque no podíamos permitirnos el lujo de tener uno. Me imagino que no mucha gente tenía los recursos para mantener a un perro, ya que había muchos perros sin dueño por la calle. A la vez, mis padres me decían que la comida en Cuba estaba muy escasa. Así que, en mi mente infantil, hasta los cabos, y llegué a lo que me pareció una conclusión lógica. *¡No podía ser! ¿Estarían matando a los perros callejeros para convertirlos en perros calientes?*

Esperaba que no fuera así, por lo que hablé con mi padre.

Papi explicó que el delicioso invento del aquel embutido largo y redondo no tenía nada que ver con perros reales. ¡Qué alivio!

Tenía amigos en la escuela, pero trataba de no acercarme demasiado a ellos. Mis padres visitaban a personas que compartían sus intereses; personas como nosotros, que se irían del país. Me gustaba jugar con sus hijos. Esos eran mis únicos amigos; mis amigos seguros.

Desde que tengo uso de memoria, mis padres hicieron hincapié en la educación.

—Sigan estudiando mucho. Necesitarán todo ese conocimiento para el día en que lleguemos a los Estados Unidos —me dijeron—. Estamos haciendo esto por su futuro.

No entendía lo que hacían. Hasta un día, cuando salí de la escuela y caminé por el Parque Santos Suárez con mis amigas. Fue entonces cuando vi a Papi cortando malezas con un machete bajo el sol brillante. Hacía calor y parecía muy cansado cuando se secó el sudor de la frente. Sabía que era ingeniero, así que ¿por qué tenía que trabajar en el parque?

Nunca olvidé la desesperación que emanaba de los ojos de mi padre. Para hacerlo feliz, lo llamé y lo saludé con la mano. Pensé que el verme lo haría feliz, como cuando regresaba del trabajo y nos veíamos. Pero esta vez, hizo un gesto negativo con la cabeza y miró hacia abajo, como si estuviera avergonzado.

Ese fue el único día en que mi padre no sonrió cuando me vio.

Ese día empecé a entender, a vislumbrar su realidad.

La mañana antes de salir de Cuba, mis padres reunieron toda la comida que tenían y la metieron en bolsas para llevársela a mi tía Dulce. Nunca había visto tanta comida junta. Me alegré de que no se desperdiciara ahora que nos íbamos. Tía Dulce siempre fue muy buena con nosotros. Nos ofrecía deliciosas golosinas cuando la visitábamos: frituras de papa y otras comidas que no recuerdo, pero todas eran deliciosas.

Me entristeció que tía Dulce no viniera con nosotros, pero Mami dijo que no podíamos tenerlo todo en la vida. Dijo que pronto veríamos a la tía Laura y a mis primas. Eso me hizo feliz.

Algo más me entristeció. El funcionario del gobierno no me permitió llevarme mi muñeco de peluche favorito, un conejito azul que se había convertido en mi compañero favorito. No entendía por qué. Estaba viejo y sucio. Ningún otro niño lo encontraría atractivo, pero para mí, tenía un significado especial. Fue un regalo de mis padres. Mami me explicó que todos teníamos que hacer sacrificios. Así lo entendí.

Los recuerdos me llegaban en fragmentos. Recuerdo caminar hasta el avión que nos llevaría a Costa Rica. Cuando llegué hasta lo alto de las escaleras y miré hacia atrás, el viento me acarició el rostro y el pelo. Sabía que este era un gran día en mi vida; un día de transformación. Hasta el momento en que subí al avión, no sabía cuánto cambiaría mi vida; nunca nada sería igual.

Capítulo 41

Nada es sencillo

Berta

El día en que Sara regresó a los Estados Unidos, unos seis días después de nuestra llegada a Costa Rica, Julieta se despertó en plena madrugada. Descalza, entró en nuestra habitación y me tocó el hombro. Yo estaba muy cansada por el largo día. Esa mañana, para asegurarse de que tuviéramos suficiente comida para dos meses, Sara nos llevó a hacer nuestra primera compra en un supermercado. Nunca había visto tanta comida: pasillos y pasillos repletos de mercancía. Tantas selecciones y marcas. ¿Cómo sabría la gente qué comprar? ¿Cuánto tiempo se tardaba la gente fuera de Cuba para hacer las compras? Después de caminar un rato por los pasillos, me sentí mareada, así que tuve que sentarme. Antonio dejó a su hermana con las niñas por un momento, y vino adonde yo estaba sentada, en el frente de la tienda.

—Tienes que superar esto —dijo Antonio—. Ésta es nuestra nueva realidad. El retrete en el que se convirtió Cuba ha quedado atrás. No puedes enfermarte cada vez que vamos a un supermercado.

No me entendía, y sabía que explicarlo era inútil. Lo impulsaba la lógica, no las emociones. Por otra parte, yo seguía haciendo la misma pregunta. ¿Qué le pasó a la hermana práctica de Laura, la mujer de la que Antonio se enamoró? Tenía razón.

Así que fui al baño público, me eché un poco de agua en el rostro, y seguí recorriendo los pasillos con mi familia.

Les había pedido a las niñas que no pidieran nada. —Tu tía Sara se ha portado muy bien con nosotros, pero no está hecha de dinero —les dije.

Después de insistir infructuosamente en que le dijéramos lo que queríamos, Sara hizo sus propias selecciones. Cosas típicas.

Veinte libras de arroz. Varios paquetes de frijoles de colores diferentes. Pollo, carne molida, huevos, café expreso, aceite, suficiente leche en polvo para dos meses. ¡Tanta comida! No necesitamos ninguna tarjeta de abastecimiento. No había escasez.

Después de dejar todo en nuestro apartamento, acompañamos a Sara al aeropuerto.

—La próxima vez que nos veamos, será en los Estados Unidos —aseguró.

Esperaba que fuera cierto. Cada uno de nosotros le dio un abrazo y regresamos a casa. Por suerte, los taxis eran baratos en San José.

Estuvimos de vuelta en casa alrededor de las seis de la tarde. Preparé una cena rápida y, después de comer, nos sentamos frente al televisor. Esperaba dormir bien por la noche. En el momento en que Julieta me despertó, estaba teniendo un lindo sueño por primera vez en años.

¿Y ahora qué?

Abrí los ojos y la vi de pie junto a mi cama, una vez más envuelta en las sábanas blancas.

—¿Qué pasa? —susurré tratando de no despertar a Antonio.

—Me duele —dijo.

—¿Qué te duele?

—Aquí —dijo señalando su abdomen.

¡No! ¿Era posible que...?

—¿Te duele mucho o un poco? —pregunté.

—¡Mucho! —dijo y comenzó a llorar.

—No te preocupes, mi amor. Te llevaré al médico.

Toqué suavemente el hombro de Antonio hasta que abrió los ojos.

Le expliqué lo que estaba pasando y luego fui a la habitación de las niñas para despertar a Mónica. Consulté el reloj. Era la una de la madrugada.

Quince minutos después, estábamos todos afuera, nuevamente. Esta vez, mis dos hijas estaban envueltas en sus sábanas blancas y parecían pequeños fantasmas detenidos junto a la avenida. Una vez más, atrajimos la atención de las mujeres de la noche. Una de ellas se acercó a nosotros. La reconocí. Fue la mujer que nos ayudó la última vez.

—¿Qué pasó ahora? —preguntó y esbozó una sonrisa.

—Mi hija está enferma otra vez —le dije.

Si alguien me hubiera dicho antes de salir de Cuba que dos veces estaría parada en una avenida de San José, Costa Rica, con una hija enferma envuelta en sábanas blancas y una mujer de la noche ayudándonos a encontrar un taxi, habría cuestionado el estado mental de esa persona.

Sin embargo, aquí estábamos de nuevo.

Nada es sencillo

¿Estaba Dios jugando conmigo? ¿Me estaba poniendo a prueba? Por el amor de Dios, no podía tolerar mucho más.

Cinco minutos después, un taxi se detuvo y nos llevó a la clínica.

Después de una breve espera, el médico realizó varias pruebas diagnósticas y concluyó que el virus había alcanzado otros órganos, lo que constituye una complicación.

Mi corazón se estrujó. *¿Habíamos contribuido a las complicaciones de mi hija al sacarla a la calle cuando aún estaba enferma?* Me sentía tan culpable. Sin embargo, ¿qué opción teníamos?

El médico envió a Julieta a casa con medicamentos antiinflamatorios y enfatizó:

—Necesita descansar.

Pero la maldición costarricense no había terminado. Así le llamé a la serie de acontecimientos que ocurrieron desde nuestra llegada a ese país.

A la mañana siguiente, cuando llegué a la habitación de Mónica y le pedí que viniera a desayunar, se negó a levantarse de la cama, así que fui a ver cómo estaba. Estaba hirviendo. Con mis dedos, examiné su pequeño cuello. No había hinchazón. Entonces, ¿qué podría estar causando la fiebre?

El médico me había dado un termómetro para chequear la temperatura de Julieta, así que lo usé para averiguar la de Mónica. Tenía 40 grados Celsius (104 Fahrenheit) y estaba temblando. Temía que siguiera subiendo.

—¡Antonio! ¡Apúrate! ¡Llena la bañera con hielo!

Antonio estaba leyendo *el diario La Prensa Libre* y lo cerró cuando me escuchó.

—¿Hielo? ¿Qué pasa ahora?

—Ahora es Mónica. Tiene fiebre muy alta.

Sus ojos se abrieron de par en par.

—¿Qué está pasando? ¿Estás segura de que no encabronaste a un vecino antes de que nos fuéramos de Cuba? ¿Nos habrán maldecido?

—¡No uses esa palabra fea frente a las niñas! —le respondí.

—Lo siento. Es solo que esto no tiene sentido.

Corrió a la cocina, agarró un cubo y lo llenó con todo el hielo que había en el congelador. Cuando la bañadera estuvo lista, Antonio salió para darle privacidad a Mónica.

—Vamos, mi amor. Quítate la ropa y métete en aquí.

Se puso a llorar.

—Hace mucho frío. No quiero.

—Si no te controlo la fiebre, puede empeorar mucho. Debemos hacerlo. ¡Está demasiado alta!

Estaba titiritando. Tenía que enfriar su cuerpo, aunque me doliera verla así. Cuando terminó, la envolví en una toalla y fui a buscar la ropa que llevaba puesta el día anterior.

Antonio estaba leyendo. Me paré frente a él.

—Por favor, llama a Lola y cuéntale lo que está pasando. Necesito que me lleve al hospital con Mónica. Te quedas aquí con Julieta. Necesita descansar.

Cerró su periódico y entró en acción.

Treinta minutos después, llegó Lola. Nos llevó a Mónica y a mí al hospital infantil e insistió en quedarse con nosotras. Cuando llegamos, eran las diez de la mañana y el lugar estaba repleto de padres y niños enfermos. Nos registramos. Esperaba que no

Nada es sencillo

saliéramos de este lugar en peor estado que cuando llegamos.
—Tiene que esperar varias horas —dijo la mujer de la recepción. Le dimos las gracias y buscamos algunas sillas libres en la sala de espera abarrotada. Mónica y yo nos sentamos una al lado de la otra y Lola enfrente. No habían transcurrido ni siquiera diez minutos, cuando Mónica comenzó a vomitar.
Lola se levantó de su silla y corrió hacia la recepción para que alguien limpiara el vómito. Mientras tanto, mis ojos escudriñaban mi entorno buscando desesperadamente a un médico. Finalmente, uno pasó a unos metros de donde estábamos sentadas.
—¡No te muevas! —le grité a Mónica con ojos desquiciados.
Corrí detrás del médico.
—Doctor —le dije después de alcanzarlo—. Necesito su ayuda. Mi hija está vomitando y tiene una fiebre de más de 40 grados centígrados. No puede esperar horas para que la vean.
—¿Dónde está? —me preguntó. Señalé a Mónica.
—Déjeme ver qué puedo hacer —dijo y se alejó.
Unos minutos después, Mónica fue llevada a una habitación. Después de varias pruebas diagnósticas, el médico regresó.
—Ella necesita ser admitida —dijo.
—¿Admitida? Doctor, usted no entiende. No tenemos dinero para una admisión hospitalaria. Vinimos de Cuba hace menos de una semana. No tenemos seguro.

Nos miró por un momento y luego dijo:

—Podemos encargarnos de eso. Hablaré con la oficina de negocios para que puedan cambiar su estado de registro a 'inmigrante'.

Le di las gracias a Lola y le pedí que se fuera a casa. Yo me quedé en el hospital con Mónica. Antes de salir del hospital, me dijo que pasaría por mi apartamento, y le contaría a Antonio lo que estaba pasando.

—Es mejor decírselo en persona —dijo.

Estuve de acuerdo. Antonio tendría que preparar la cena para él y para Julieta. Durante aquellos años, pocos cubanos cocinaban; los hombres eran los proveedores, mientras que las mujeres cocinábamos, limpiábamos y criábamos a los hijos. Pero yo no era como las demás mujeres. Por suerte, le enseñé a cocinar comidas básicas, cosas sencillas como espaguetis con huevo duro y arroz blanco con huevos fritos.

Esa noche, la enfermera le dio a Mónica un brebaje espeso y, una hora después, comenzó a sentirse mejor. A la mañana siguiente, su frente estaba fría y parecía tener más energías.

Un empleado del hospital entró, y le preguntó a Mónica si quería un poco de Gallo Pinto para el desayuno. Sin saber de qué se trataba, Mónica dijo:

—Mami, quiero un poco de Gallo Pinto.

Me pregunté si pensaría que el trabajador del hospital le traería un gallito de juguete con manchas.

—¿Qué contiene? —le pregunté.

—Frijoles negros, arroz blanco, pimientos rojos, cebollas, cilantro, ajo y otras especias. Es muy sabroso.

Nada es sencillo

Aún después de descubrir el significado de un Gallo Pinto, lo quería.

—No, gracias. Anoche estaba vomitando. ¿Tienes un poco de gelatina que puedas traerle? —La mujer asintió.

—¡Pero Mami! —protestó Mónica.

—Lo siento, cariño. Te daré todo el Gallo Pinto que quieras cuando te mejores. Ahora no.

El médico llegó una hora más tarde y le dio el alta.

—Todo está bien ahora —dijo.

—¿Qué causó la fiebre?

—No lo sabemos. Su cuerpo debe de haber estado luchando contra algo.

Al darme el alta, una joven de la oficina de cuentas del hospital me entregó una factura por más de un millón de colones. Con la variación vigente en ese momento, calculé un costo de 2.000 dólares, una fortuna para alguien como yo en 1983. Me agité mucho e incluso tuve palpitaciones. Por irracionales que hayan sido mis pensamientos, deduje que ahora no podríamos salir de Costa Rica hasta que pagáramos esta cuenta.

—No, señorita. ¡Esta cuenta no está correcta! —dije en un tono de voz elevado—. El médico me dijo ayer que iba a hacer que la oficina cambiara la registración a 'inmigrante'. Somos de Cuba. Llevamos aquí una semana.

¿Había pasado solo una semana? Si habían ocurrido tantas cosas en una semana, me preguntaba qué pasaría durante las semanas restantes.

La empleada sonrió. Lo siento. No lo sabía —dijo—. Verificaré esto con el médico y corregiré nuestro registro. Por favor, deme unos minutos.

Nada es sencillo

Regresó veinte minutos después. El hospital había absorbido la factura y yo podía irme a casa. En mi mente, le agradecí a Dios y al gobierno costarricense por tan generosa práctica.

Después de salir del hospital, tomamos un taxi a casa. No quería seguir molestando a Lola. Mientras el taxi se alejaba, me pregunté qué más nos tendría reservada la *maldición costarricense*.

Capítulo 42

¿Es esto un sueño?

Berta

Durante las semanas siguientes, apenas salíamos de casa, salvo para lo estrictamente necesario. No queríamos que nos ocurriera nada más. Lola nos visitaba cada semana para asegurarse de que estuviéramos bien. En una de esas visitas nos llevó a una librería. Antonio y yo queríamos que las niñas continuaran su educación durante el tiempo que nos quedaba en Costa Rica. En lugar de quedarnos esperando, decidimos aprovechar ese tiempo para prepararlas para su futuro. Compramos libros de matemáticas y de ciencias apropiados para Julieta y Mónica.

Cada día les dábamos lecciones y les asignábamos tareas. A ellas les encantaba ese tiempo: nos tenían completamente dedicados a ellas, a su aprendizaje y a su porvenir.

Sara nos llamaba una vez por semana para saber cómo estábamos. Esta vez no teníamos que ir a casa de nadie para usar el teléfono: teníamos uno propio. Laura también nos llamaba, aunque brevemente. Habían comprado su primera casa y vivían ahorrando hasta el último centavo para pagarla. No calificaban para un préstamo por falta de historial crediticio, pero el dueño —un puertorriqueño— aceptó financiarles la casa directamente.

Cada día revisábamos el correo en espera de nuestros documentos oficiales para la entrada a los Estados Unidos. Pasaron siete semanas sin noticias.

El primer día de la octava semana, Antonio entró con la correspondencia, como de costumbre. Yo estaba en la mesa del comedor, revisando la tarea de las niñas, concentrada en los detalles.

—Berta —dijo.

—¿Qué? —respondí sin levantar la vista.

—Te quiero mucho. A ti y a mi familia.

Negué con la cabeza mientras corregía una respuesta.

—¿Qué te pasa? Nunca me hablas así.

—Es la verdad —respondió con calma.

Sonreí ligeramente, sin dejar de trabajar.

—Mi hermosa Berta. No podría haber pasado mi vida con nadie más.

Solté una pequeña risa.

—Deja eso y ayúdame con la tarea de las niñas —le dije.

Entonces guardó silencio por un momento.

—Mi amor —dijo finalmente—. Lo logramos. Nos han concedido la entrada oficial a los Estados Unidos.

Levanté la vista.

—¿Hablas en serio?

Las niñas se acercaron desde la sala. Antonio asintió, con los ojos llenos de lágrimas.

En todos esos años, pocas veces lo había visto llorar. No cuando murieron sus padres, ni en los

¿Es esto un sueño?

momentos más difíciles. Pero esta vez no pudo contenerse.

Me levanté y lo abracé.

—No lo puedo creer —le dije—. De verdad... no lo puedo creer.

Dejó los documentos sobre la mesa y nos abrazamos los cuatro.

—¿Entonces vamos a ver pronto a la tía Laura? —preguntó Mónica.

—Sí, mi amor —le respondí—. Muy pronto.

Y lo sentí con sinceridad.

Ya no me dolía que la quisiera tanto. Sabía que también me quería, a su manera.

Cerré los ojos por un instante y dejé que la calma me llenara.

El gobierno cubano nos había quitado muchas cosas, pero no había logrado destruir lo más importante: nuestro amor por la familia.

Epílogo

Julieta

El día en que recibimos nuestros documentos oficiales de entrada a los Estados Unidos pensamos que la maldición costarricense había terminado. Pero no. Aún no.

Un par de días después ocurrió algo más. Al salir de nuestro apartamento en San José por última vez, Mami y Papi llevaban cada uno una maleta. Mami, probablemente distraída por la emoción, no se fijó en la acera. De pronto gritó. Había pisado una parte irregular y se torció el pie.

El dolor fue inmediato.

—¿Estás bien? —le preguntó Papi.

—No, no estoy bien —respondió—. Pero ninguna maldición costarricense me impedirá tomar este vuelo.

Papi soltó una risa.

—¿Te parece gracioso? —replicó Mami.

—No... lo siento —dijo él, conteniéndose—. Me sonó gracioso.

Nos miró a Mónica y a mí con picardía, apretando los labios para no reír.

—Berta, déjame llevar tu equipaje —añadió.

—Puedo hacerlo yo misma... —respondió ella con firmeza. Luego, más suave—: pero gracias.

Era casi cómico: Mami contra la maldición costarricense.

190

Epílogo

—Camina más despacio —insistió Papi—. Te vas a lastimar más.

Pero nadie podía detenerla. A pesar del dolor, siguió adelante, cojeando hasta que subimos al avión.

Una vez dentro, todo cambió. Mami sonreía. Papi también. Mi hermana no dejaba de hablar de tía Laura y de todo lo que haría al verla. En ese vuelo no hubo lágrimas, solo alegría. Al llegar a Miami, nos esperaba un mar de familia. Qué contraste con nuestra llegada a Costa Rica. Allí estaban tía Laura, tío Río, mis primos, el nuevo novio de Tania, tía Sara, su esposo y sus hijos. Éramos muchos.

Tía Laura, como siempre, nos recibió con amor y regalos: juguetes, un osito de peluche, un conejo. Hubo abrazos, besos y lágrimas de felicidad. Tía Sara, nuestra salvadora, nos abrazó uno por uno. Aunque llevaba gafas oscuras, supe que lloraba.

—Vámonos de aquí —dijo al cabo de un rato—. Vamos a almorzar a La Carreta.

***

Es 2023. Tania está terminando este libro. Hoy es 21 de noviembre, exactamente doce años después de la muerte de tía Laura.

A veces me pregunto si las fechas también guardan memoria.

Todos la extrañamos profundamente. Pero me gusta pensar que, incluso después de su partida, encontró la manera de estar presente. Durante años, Mami se resistió a contar su historia. Yo

191

también. Hasta que, hace unos meses, llamó a mi prima y le dijo:

—Estoy lista.

Y en ese momento, algo se abrió.

Porque la memoria también necesita valentía.

Y el tiempo, si no se detiene en palabras, se disuelve.

Mi madre tiene hoy ochenta y tres años.

¿Y si un día los recuerdos se apagan?

Ella y Papi siguen juntos. Aún nos reímos cuando ella se enfada y le dice:

—Te lo juro, Antonio, si sigues volviéndome loca, me voy a divorciar de ti.

Él nunca responde.

Y en ese silencio también hay amor.

Se enfada por cosas pequeñas: porque él deja algo fuera de lugar o porque ella se encarga de las finanzas del hogar. Él, en cambio, sigue encontrando refugio en la calma de un libro o de un periódico.

Ya no son libros de ingeniería.

Hoy tienen cuatro nietos. Uno ya está en la universidad. Todos son buenos estudiantes, porque mis padres sembraron en nosotros algo que no se pierde: la convicción de que la educación es el camino.

Mónica y yo repetimos esas mismas palabras, como un eco de lo que ellos nos enseñaron.

Yo soy ingeniera. Mi hermana, contadora.

Papi ya se retiró. Revalidó su título al llegar a Estados Unidos y trabajó primero para otros, luego para sí mismo. Mami también trabajó toda su vida en contabilidad. Hoy viven tranquilos en su casa de Orlando, rodeados de lo que tanto les costó construir.

Epílogo

Nosotros vivimos cerca. Siempre hay familia. Siempre hay voces.

En Tampa, Tania, Lynette y Gustavo siguen creciendo su propia historia. Hijos, nietos, celebraciones. La vida, extendiéndose.

Hace poco nos reunimos todos en un restaurante frente al mar. Celebrábamos la graduación del hijo de Gustavo.

Entonces los miré a todos. Y, por un instante, vi a aquellos cinco niños en la casa apuntalada de la calle Zapote. El mismo origen. Distintos caminos. Un mismo destino: seguir adelante.

Lloré. No por tristeza, sino por la certeza de que el sacrificio había valido la pena.

Que todo —el miedo, la incertidumbre, las despedidas— nos había traído hasta aquí.

Y que nada de eso se perdió.

Porque las historias no terminan cuando alguien se va. Se transforman. Se heredan. Se escriben.

Me gusta pensar que, desde donde esté, tía Laura nos mira hoy y sonríe. Y que, en silencio, repite lo que todos sentimos:

Todo valió la pena.

Epílogo

Aprender nunca me resultó fácil, pero completé un título en negocios a los cincuenta años mientras trabajaba a tiempo completo. Así que, los dejo con esto. Soñar no cuesta nada. Cuando soñamos, el cielo infinito es el límite, por lo que nunca he dejado de soñar.

María Fernández (Berta)

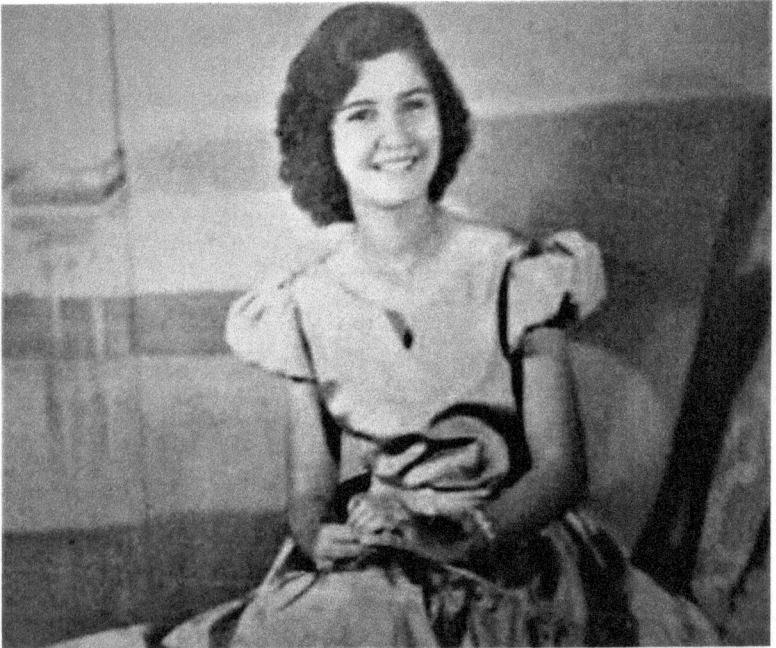

Berta a los 13 años

Fotos

Berta y Antonio – en el día de su boda en1970

Berta y Antonio 2020

Reconocimientos

Mario y María Fernández, por los profundos testimonios que brindaron sobre sus vidas y que sirvieron de base para este libro.

Lena, hija de Mario y María, por su testimonio y apoyo, así como por proporcionar las fotografías incluidas en este libro.

A Conchita Hicks y Marta Mayer, por ser fantásticas lectoras beta y por aportar valiosas recomendaciones.

Susana Mueller, de Susanabooks, por diseñar una magnífica portada de libro y por ser lectora beta de este manuscrito. No puedo creer que nuestra casa en la calle Zapote quede capturada para siempre en la portada de este libro.

Al grupo de Facebook *All Things Cuban*, por brindar un importante foro para la difusión de la historia y la cultura cubanas.

Al grupo de Facebook *Women Reading Great Books* por proporcionar una salida importante para autores y lectores.

A mi esposo Iván, por sus sugerencias sobre varios capítulos de este libro. Sus contribuciones han sido invaluables.

Reconocimientos

A mi editora, Vilma Pérez, por su excelente trabajo.

A mi suegra Madeline, y a mi hermana Lissette, por sus contribuciones.

A mi madre Milagros por ser la autora intelectual de mi vida y seguir guiando mis pasos, incluso después de su muerte.

A todos los lectores que siguen apoyándome y compartiendo mis publicaciones, y a todos los clubes de lectura que han seleccionado mis libros, demasiados como para mencionarlos.

Sobre la autora

Betty Viamontes nació en La Habana, Cuba. A los quince años, Betty y su familia cruzaron el Estrecho de Florida en un barco camaronero abarrotado en una noche de tormenta en la que muchas familias perecieron. Este viaje reuniría a la familia con el padre de Betty en los Estados Unidos después de casi doce años de separación. Betty Viamontes completó sus estudios de posgrado en la Universidad del Sur de Florida. Tras la muerte de su madre, Betty comenzó a dedicar su vida a capturar las historias de las personas sin voz. Sus historias han viajado por todo el mundo, desde la galardonada *Esperando en la calle Zapote* hasta el nuevo lanzamiento No. 1 *La niña de Arroyo Blanco*.

Otras obras incluyen:
La Habana: el regreso de un hijo
La Danza de la tosa
Los secretos de Candela y otros cuentos de La Habana
El vuelo del tocororo (Colaboración)
Hermanos: Los niños de Pedro Pan (Premio Mejor Ficción 2022)
Buscando un cierre: Las niñas de Pedro Pan
Cartas de amor desde Cuba
Cruzando hacia el norte: tribulaciones de un médico cubano

Sobre la autora

Los libros anteriores están disponibles en inglés y en español. *Esperando en la calle Zapote* fue una de las novelas ganadoras del premio The Latino Books Into Movies y ha sido seleccionada por un club de lectura de mujeres de las Naciones Unidas y por muchos otros.

Sus obras han aparecido en diversas publicaciones, entre ellas la prestigiosa revista literaria *The Mailer Review.*

www.ingramcontent.com/pod-product-compliance
Lightning Source LLC
LaVergne TN
LVHW041216080426
835508LV00011B/975